KAWADE
夢文庫

集中力強化大全

ライフ・エキスパート[編]

JN067111

河出書房新社

環境に左右されない集中力を身につけよ！――はじめに

本書は、もっと集中したい、結果を出すための集中力がほしい、どんな環境でも自分の力を発揮《はっき》したい、そう思っている人たちのための手引書です。

コロナ禍《か》では多くの企業がテレワークを導入しました。それに伴い、「自宅やカフェで思うように仕事に集中できない……」「集中力が続かない。集中力があれば、今以上の結果が出せるのに！」といった声をよく耳にします。こうした悩みを抱えた人たちが、現在増えているのはなぜでしょうか。

それは、私たちを取り巻く状況が変わり、つねに情報にアクセスできるようになった結果、集中しづらい環境が生まれているからです。

人間がある対象に向ける「注意」には、2つの種類があります。

1つは、目的指向型《しこう》注意。たとえば、テレビでバラエティ番組を観ながら爆笑しているとき、あなたは目的を持ってテレビを注視《ちゆうし》しています。これを目的指向型注意といいます。

もう1つは、刺激駆動《くどう》型注意。テレビを観ているときに、消防車のサイレンが聞こえ、テレビへの意識がそれてしまった。これが、刺激駆動型注意です。

後者の刺激駆動型注意に邪魔されずに、前者の目的指向型注意をいかに効果的に発動することができるか。それが、言ってみれば「集中力」です。

ところが、現代社会は刺激に溢《あふ》れています。溢れる情報が、あの手この手を使って刺激駆動型注意を喚起《かんき》し、あなたの集中力を乱そうとしているのです。

一方、目的指向型注意についてはどうでしょう。

たとえば、自動車の運転は、私たちがもっとも集中力を必要とする行為の1つです。しかし、今ではあなたがうっかり目的指向型注意を疎《おろそ》かにしたとしても大丈夫なように、ＡＩをはじめとするテクノロジーがサポートしてくれます。その結果、目的指向型注意を発動する機会は失われてきています。

この本では、こうした情報に流されてしまいがちな現代社会で、やりたいことを実現するための集中力を身に付けるために、日頃から取り入れておきたい習慣や環境の整え方、いざというときに集中力を発揮するためのテクニックなどを、さまざまな角度から解説し紹介しています。あなたのライフスタイルに合わせて、ぜひ実践してみてください。

ライフ・エキスパート

集中力 強化大全／目次

1章 あふれる「情報」をいかに整理するか

2章 集中できる「環境」をどのようにつくるか

3章 コンディションをベストに保つ「習慣」とは

4章 仕事のクオリティを上げる「段取り」とは

5章 達成感を高めるために「目標」をどう定めるか

6章 前向きに取り組む「モチベーション」の上げ方とは

7章 集中力をキープする「気分転換」の方法とは

8章 冴えた状態を保つために「体調」をどう整えるか

9章 挫《くじ》けずに続けられる「メンタル」を鍛えるコツとは

本文イラスト◉中村知史
協力◉岡本象太

1章

あふれる「情報」をいかに整理するか

デスクまわりの情報をどう「デザイン」するか?

「自分はどうも集中力がないのではないだろうか。仕事中にも、メールの着信やら同僚の独り言やら、なにかと気をとられて集中できない」

もし、そう思っているなら、なにも悩むことはありません。それは人間として、いや、動物として当然のこと。むしろ本能のようなものだからです。

自然の中で暮らす動物は、いつも、あらゆる方向に神経をとがらせています。餌《えさ》を食べているときも、外敵の気配があればすぐに察知《さっち》します。一瞬で身を翻《ひるがえ》して逃走の体勢にうつります。

それが動物としての本能です。

人間も同じです。いつもの定食屋でランチをしている最中でも、隣で〝気に食わない上司〟の声がすれば、耳がピッと反応します。一瞬で身をこわばらせます。

身の安全を確保するために、外的刺激にはいつも敏感に反応する習性がDN

Aに組み込まれているのです。

ということは、目の前の作業に集中するためには、それ以外の刺激をできるだけ少なくすれば良いのです。**気を散らすものを遠ざける、なるべく目に入らないように、耳に入らないようにする、それが集中の第一歩**です。

まずはデスクまわりから始めてみましょう（これはたいていの「集中力本」に書かれている基本です）。

余計なものは、なるべくデスクに置かない。とくに新しい情報は集中の邪魔になります。たとえば雑誌の最新号や、継続中の仕事の資料、こうしたものは、つい気になって作業の途中でも手を伸ばしてしまいがち。そうならないために、あらかじめ余計なものが目に入らないようにバッグかデスクの引き出しにしまっておきましょう。

デスクにずっと置いてある家族の写真やお気に入りのフィギュアなどは、とくに新しい刺激にはならないので、あっても大丈夫でしょう。〝心の支えになる〟というプラスの効果も期待できます。デスクをすべてまっさらにする必要はないのです。情報をなるべく少なくする、ということが大切なのです。

そのために、**デスク環境を「デザインする」**という発想をお勧めします。

デザインの基本は、情報を整理して見せることです。そうすることで、視覚的にスッキリとして、情報が伝わりやすくなります。

たとえば配置すべき文字列が3つあるとして、これをバラバラの位置に配置すれば、文字列の頭の位置という情報は3つになります。これを頭揃《あたまぞろ》えで配置すれば、文字列の位置を示す情報は1つになります。このように、情報が少ないほどスッキリ見える、それがデザインの原則です。

デスク環境を〝デザイン〟するときも発想は同じです。資料の山があちこちにあるよりは、1か所にまとめてあるほうがスッキリと見えます。「資料はすべてここにある」という1つの情報に

目に入る情報は
なるべく少なくする

まとめられます。本や雑誌はランダムに積んであるよりは、背表紙を揃えておく。これだけでも、情報を整理して、少なくしたことになります。

作業をするデスク環境から、なるべく雑多な（多くの）情報が目に入らないようにすることで、作業への集中度を高めることができるはずです。

机は整理されていればいい…わけではない！

デスク環境はスッキリと整理しておく、これが基本ですが、作業の性質によって、少し考え方を修正する必要もあります。

デスクワークには、ざっくり2つの側面があります。1つは、調査資料の整理や集計作業のような、**事務的な作業**。もう1つは、新たな営業戦略プランを考えたり調査資料をもとに企画書を組み立てたりする、いわゆる**クリエイティブな作業**です。

どんな仕事でも、バランスはどうであれ、2つの側面があります。

毎日、黙々とパンを焼いているパン屋さんでも、新しい季節商品を考えたり、どうやったらもっと美味《おい》しいパンが焼けるか考えたり、日々の仕事の中にも考える要素はたくさんあります。

一方、商品企画のようなクリエイティブと呼ばれる仕事の中にも、資料整理やコストの算出などもあるので、必ずしもアイデアやひらめきだけが必要な仕事ばかりでもないはずです。

要は、仕事の性質によって「集中力」の意味するところが違ってくるということです。

事務的な作業をするときは、デスクをスッキリ片付けておくことが大いに役に立つでしょう。

単純作業はどうしても飽《あ》きやすいので、ちょっとした情報にもつい目が行ってしまいます。脳の中のメモリーが空きがちになり、つい余計なことを考えてしまったり、次の仕事の資料が気になって手に取りたくなってしまったりと、気が散りやすい状態です。だから余計な気を引くようなものを目に入るところに置かないほうがよいでしょう。

先ほど、ずっと置いたままの家族の写真は新しい刺激にはならないので、あっても大丈夫と言いましたが、場合によっては作業の手を止めることにもなるかもしれないので、注意が必要です。

一方、**クリエイティブな作業の場合**、これは人にもよりますが、**脳を刺激するような〝雑多な情報〟が入ってきたほうがやりやすい、アイデアが湧《わ》きやすい**、という人が多いようです。

なにもないところで、目を瞑《つぶ》ってじっと考えてもなかなかひらめきは降りてきません。関連資料をじっくり読み込んでみたり、あるいはまったく関連のない雑誌記事をパラパラ見ているときに、ふとした偶然でグッドアイデアが生まれたりすることもよくあります。

そういう作業に取りかかる場合は、わざわざデスクをスッキリ片付ける必要はありません。

クリエイティブが主な業務である、たとえば広告代理店の制作部やメーカーの商品企画部などでは、各自がデスクまわりを思い思いに好きなものでデコレーションしているところが多いです。猫の写真や猫グッズを飾っている人、アメコミ（アメリカンコミックス）のキャラクターグッズをずらりと並べている人など、さまざまです。それによって〝アイデアをひねり出す〟作業に集中できるというのなら、そのほうが効率的だということです。

普段からデスクが雑然としている人は、クリエイティブな脳を働かせている機会が多いのかもしれません。そんな人は、さあ、これから資料の整理に集中するぞ、というときだけ、ささっとデスク環境を「デザインする」ようにすると良いでしょう。

パソコンのデスクトップにもワナが潜んでいる

ところで、最近はデータをクラウド（インターネット）上に管理ができるようになったため、「仕事はマイデスクでするもの」という従来の常識が崩れつつあります。

クラウド環境でほとんどの作業をノートパソコンでするようになると、会社の内外を問わず、好きな場所でパソコンを開いて仕事ができるようになりました。これが、現代のワークスタイルです。

もちろん、すべての企業でそのような働き方が可能になっているわけではありませんが、企業によってはフリーアドレス式で決まったマイデスクがなかったり、企業内で誰でも利用できるコワーキングスペースを設《もう》けていたりと、働き方もダイバーシティ（多様性）の時代になってきました。

コロナ禍《か》でテレワークが推奨《すいしょう》されるようになり、この傾向にますます拍車がかかっています。

そうなると、デスクまわりを片付けるよりも、集中できる場所を探して移動する（36ページ参照）ほうが話が早い。実際、平日の昼間にカフェに行くと、ほとんどの客がパソコンを開いた学生か会社員です。

これはつまり、きちんと片付けられたマイデスクで作業するにせよ、カフェでノートパソコンを開いて作業するにせよ、**パソコンのデスクトップを片付けておかないと意味がない**ということです。

パソコンは、万能のツールです。これ1つあれば、文章を書いたり集計したりメールの送受信をしたり、ビジネスに必要なたいていのことはできます。一方、それゆえに、有用《ゆうよう》無用《むよう》な情報が次々と入ってくる、情報の入り口でもあるわけです。

デスクまわり同様、画面上の作業環境も整理整頓しましょう。

まず、**開いておくウィンドウは最小限にしましょう。**作業に必要なアプリだけを立ち上げてその他は終了しておきましょう。厄介《やっかい》なのはメールとインターネットです。

メールについては、即レスをしない、あるいは心掛けない。ということで、ある程度解決します。

ビジネスで受け取るメールは、即レスで返信する必要がない用事がほとんどです。もしもすぐに返事や確認が欲しいのであれば、携帯電話にコンタクトしてくるはずです。

メールは、作業が一段落《いちだんらく》したときにまとめてチェックするようにしましょう。あるいは、メールチェックの時間を決めておいて、それ以外の時間には返信しない、という方法もあります。

とはいうものの、最近はメールでのやり取りを前提としたスピード感でビジネスが動いていたり、とくにこのコロナ禍では、直接会っての打ち合わせ、交渉事が減ったりして、メールのチェック・返信は午前中1回、午後1回というわけにもいかないでしょう。

業務の性質によって適切に対応しながら、メールのチェックはまとめてするようにしましょう。即レスはしない、というルールをつくるだけでも、煩《わずら》わしさやプレッシャーから解放されるでしょう。

インターネットも同様です。必要なときだけ見るようにしたいものですが、なかなかそうもいきません。ネットで調べ物をしながら書類作りなどの作業をすることもあるので、そんなときは、頻《ひん》繁《ぱん》にブラウザのウィンドウをチェックすることになります。そうすると、つい興味が脱線《だっせん》して、仕事とは関係のないことを調べてみたり、休憩と言

パソコンのウィンドウにも
集中を妨げるワナが…

い訳して、ついSNSをのぞいてみたり、集中の妨《さまた》げになることもあります。

アメリカの作家ミランダ・ジュライは、子育てをしながらなんとか創作の時間を見つけては小説を執筆しているそうですが、執筆に入ると、インターネットを遮断《しゃだん》するソフトを起動してネット接続を絶ってしまうそうです。

創作のような1人の作業に没頭したいときには、そんな〝強硬手段〟も有効でしょう。しかし、ビジネスワークではなかなかそうはいきません。

せめて、SNSなどの**〝ついのぞいてしまいたくなるサイト〟は、ブックマークしない。ブックマークするときは、見えやすいところに置かない。フォルダを作って深い階層に置いたり、スクロールしないと出てこない最後のほうに置いたりする**ことで、作業中になるべく目に入らないようにすることができます。

スマホのせいで脳の機能は低下する?!

アメリカのテキサス大学の心理学者エイドリアン・ウォードが、興味深い実験をしています。

８００人の被験者に数学の問題を解いてもらいます。問題はいくつかあり、どれもなかなか難しく設定されていて集中力が求められます。

被験者の一部は、問題を解いている間、スマートフォンを隣の部屋に置いておくように指示されます。その他の被験者は、ポケットに入れておくか、またはデスクに出したままにするか、いずれかを選ぶように言われます。どの場合もサイレントモードに設定してもらいました。

その結果、もっとも成績が良かったのは、スマートフォンを隣室に置いていたグループでした。反対に、もっとも悪かったのが、デスクに出していたグループで、ポケットに入れていたグループと比べても、わずかに成績が良くなかったそうです。

数学の問題を解くために、スマートフォンは直接関与していません。にもかかわらず、スマートフォンをどこに置くかが、脳のパフォーマンスに影響しているのです。

ウォードの分析によれば、**スマートフォンが近くにあるだけで意識がそちらに引き付けられ、意識的にはスマートフォンのことを考えていなくても、無意**

識に脳の認知機能の一部が消費されている、というのがその理由です

現代人は、多かれ少なかれ「スマホ依存」の傾向があるといわれます。スマートフォンがいつも手の届くところにないと不安、1分でも時間があればスマートフォンを取り出す、思い出せない名前があるとすぐにスマートフォンで検索する、などの〝症状〟がある人は要注意です。

スマートフォンをポケットに入れていて「鳴ったかな？」と思って取り出してみると勘違いだった、ということはないでしょうか。これは幻想振動症候群《げんそうしんどうしょうこうぐん》（ファントム・ヴァイブレーション・シンドローム）といって、「スマートフォンが鳴ったらすぐに反応しなければいけない」という過剰な緊張状態が原因といわれています。つまり、スマートフォンは、持っているだけで脳に負担を与えていることになります。

ウォードの実験でわかるように、**スマートフォンが手元にあるだけで、脳の認知機能は低下します。**作業中にデスクに置いておくのは良い習慣ではありません。バッグに入れておくか、少なくとも目に入らないところにしまうのが良いでしょう。

集中力UPには、ぼーっと考える時間が不可欠！

現代人が集中力の低下を気にし出したのは、それだけ集中を邪魔《じゃま》しようとする要因が増えているからで、スマートフォンはその筆頭グループにあることは間違いないでしょう。前述の通り、デスクに置いておくだけで、脳の機能を低下させてしまうのです。

とはいえ、スマートフォンは、そもそも集中力の邪魔をする目的で作られているわけではありません。それは正しく利用すれば多くの有益な情報をもたらしてくれます。しかし、あまりにも情報が多すぎて脳の処理が追いつかないという問題を引き起こしていて、脳科学の立場から多くの専門家が警鐘《けいしょう》を鳴らしています。

脳は、入ってくる情報を前頭前野《ぜんとうぜんや》という部位で処理しています。前頭前野には、大きく分けて次の3つの機能があります。

・浅く考える機能

・深く考える機能
・ぼーっと考える機能

浅く考える機能とは「**ワーキングメモリー**」といい、つまり**入ってくる情報を一時的に記憶・保存して処理する機能**のことです。

深く考える機能とは、計画、作戦、戦略などを、**過去の経験や知識などから総合的に処理して思考・判断する機能**のことです。

ぼーっと考える機能とは、脳が活動的な働きをしていないときも、いわばアイドリングの状態になっていて、**アイデアやひらめきの源泉となる機能**のことです。

この3つの機能をバランス良く働かせて、人間は入ってくる情報を処理しているわけです。

ところが、スマートフォンを見る時間が長くなりすぎると、このバランスが崩れてしまいます。**スマートフォンを見ている間は、浅く考える機能ばかり使っているので、ワーキングメモリーが疲弊《ひへい》してしまいます。**その結果、うっかりミスが多くなる、物忘れが多くなる、という現象が起こりやすくなります。

加えて、ワーキングメモリーばかり使うことで、その他の機能が〝錆《さ》びついて〟しまいます。その結果、集中力、思考力、判断力が低下。さらに悪いことに、感情の制御ができなくなり、イライラすることが増える、というのです。

もっとも、こんな科学的な解説を聞くまでもなく、スマートフォンの見すぎは心身に良くないことは実感している、という人も多いのではないでしょうか。最近、物覚えが悪くなったのは、年齢のせいではなく、スマートフォンによる脳の過労が原因かもしれません。

では、この「スマホ脳過労」から脱するには、どうしたら良いのでしょう。手軽に始められるのは、「ぼんやりする」ことです。

1日5分でもよいので、ぼんやりする時間を作

スマートフォンばかり見ていると
うっかりミス・物忘れを招きやすい

る。コーヒーブレイクのときに、スマートフォンもなにも持たずに、なにも考えずに景色を眺《なが》める。あるいは、ジョギングなどの反復運動をすることで無になってみる。

集中力を高めたい！　というときに、ぼんやりするのは矛盾するように感じますが、前述したように、脳はバランス良く機能させることで、パフォーマンスを発揮することができ、集中力が生まれるのです。

使いすぎのワーキングメモリーを休ませてあげて、バランスを取り戻すことがまずは大切です。それに「ぼーっと考える機能」は、意識していないときでも働いているので、ぼんやりしているときに、ふと良いアイデアがひらめく、ということもあるのです。いつも「集中！　集中！」と言ってしまう方は、自分に5分だけ休みをあげてみましょう。

無駄な決断はどんどん節約する

イッセイミヤケの黒のハイネック、リーバイスのジーンズ、ニューバランスのスニーカーと聞けば、誰でもアップルの創業者スティーブ・ジョブズの姿を思い浮かべるでしょう。

ジョブズは、いつでも同じスタイルで通していました。だからといってジョブズが服に無頓着だったとか、ファッションに興味がなかった、ということではありません。その証拠に、このジョブズのスタイルは「ノームコア」（normal〔普通〕＋hardcore〔ハードコア、究極〕の造語で「究極の普通」の意味）としてその後のトレンドになっています。

ジョブズが同じ服しか着なかったのは、服を選ぶことに脳のエネルギーを浪費したくなかったからです。

フェイスブック（新社名「メタ」）の創業者マーク・ザッカーバーグも、スーツ以外の時はグレーのTシャツを着ています。このことについて、あるインタビューで「地域に貢献するため以外では、決断は最低限にしておきたいんだ」と答えています。

この2人が、いずれもIT産業のトップであることは偶然ではないでしょう。

現代では、デジタルネットワークのおかげで、**人が扱う情報は膨大《ぼうだい》になり、**

処理すべきスピードも〝瞬時〟といっていいほどの迅速《じんそく》さが求められます。

重要な判断に脳の能力を集中させるために、「朝、着る服を決める」というような（本人にとって）**重要度の低い判断に時間も労力を使わない、というのは合理的な考え方**だといえるでしょう。

要は、なにが自分にとって重要な課題なのか、プライオリティ（優先順位）を見極めて、メリハリをつけることが大切です。重要な決定には、極力集中する。重要でないことは思い切り手を抜く。

手を抜くという言い方では語弊《ごへい》がありますが、手間隙《てまひま》をかけずに自動的にできるシステムを作っておけばよいのです。「毎日同じ服を着る」「ランチはいつも同じ店の日替わり定食にする」などなど。

もちろん、「毎日服を選ぶのが楽しみ、ランチに悩むのが生きがい、そのほうが気分も上がって仕事がはかどる」という人はそれでよいのです。

イギリスのケンブリッジ大学の心理学者バーバラ・サハキアンによると、**人間は1日に3万5000回もの決断をしている**そうです。そしてこの決断の回数の上限には個人差があり、それを超えると決断力が鈍《にぶ》るのだそうです。

最後に重要な決断をすべきときに、脳がへろへろになってしまわないように、決断を節約するという発想も大切です。

在宅でも〝通勤〟して、思考を切り替える

コロナ禍でテレワークが増えたとはいえ、たいていの人にとって、通勤していた期間のほうがテレワークの期間よりも長いはず。自宅ではどうも緊張感がなくて集中しづらいという人も多いのではないでしょうか。

在宅の環境は人それぞれですし、必ずしも仕事に適した環境とは限りません。それに、仕事とプライベートの切り替えがしにくい、というデメリットもあります。

オフィスに出社するときは、通勤というルーティンがあることで、仕事モードに切り替わりやすくなります。1人で仕事をする作家やデザイナーが、自宅以外に仕事場を持っていたりするのは、そのためでもあるのです。

在宅ワークで、仕事モードに入りやすくするためにはどうしたらよいのか。

通勤というルーティンを別の形に置き換えれば良いのです。

たとえば、服装。家で仕事をするときも、会社に行くときと同じ服装をする。スーツにネクタイで、とまではいかなくても、家でくつろぐときと区別できる程度の格好をすることで、仕事モードへの切り替えもしやすくなります。

あるいは、仕事用の服を用意してプライベートでは着ないようにする、という方法もあります。そうすれば、同居している家族にも「今は仕事中」であることを認識してもらいやすいでしょう。

また、通勤時間を確保する、という方法もあります。朝食が済んだら仕事用のデスクに移動して、すぐに仕事を始めようとしても、気分を仕事モードに切り替えるのは難しいものです。

そんなときは、通勤にかかる時間を自由時間にして、あえて適度な情報を取り込む。たとえば、雑誌や本を読んだりする時間に使ってみたらどうでしょう。通勤電車の中と想定して、「くつろぐ」でも「仕事」でもない活動をするわけです。この時間を間に挟《はさ》むことで、プライベートから仕事へ、モードの切り替えがスムーズになるはずです。

2章

集中できる「環境」をどのようにつくるか

集中できる場所を意図的につくろう

1章でも述べたように（20ページ参照）、最近は在宅も含めて、会社のマイデスク以外で仕事をすることも多くなりました。

ある調査によれば、**もっとも集中できる場所は公園、以下、喫茶店、ホテルのロビー、新幹線、図書館と続き、オフィスは最下位**という結果になったそうです。

この調査でも明らかなように、集中するためにはどこがベスト、という正解はありません。会社近くのカフェがもっともはかどるという人もいれば、やっぱり自宅が一番という人もいるでしょう。逆に自宅は家族がいるので仕事に集中できない、という人もいるはずです。

ただ、大切なことは、**集中するための専用の場所を持っておく**、ということです。

たとえば、カフェであれば、スターバックスで仕事をする人は、そこは仕事専用にして、休憩や雑談では使わない。友達とお喋《しゃべ》りするときは、別のカフェにする。あるいは、いつも仕事をしているスターバックスは避けて、別の店舗にする。

在宅で仕事をする人は、いつも食事をしているキッチンのテーブルでパソコンを開くのではなく、仕事は自分の部屋でする。間取りの都合で自分専用のスペースがないのであれば、小さくてもよいので仕事用の作業机をリビングの隅《すみ》にでも置いて作業用のスペースにする。

そうすることで、その場所に身を置いたときに、自動的に集中のスイッチが入るようになります。

逆にいつも友達とくつろいでいるカフェで仕事をしようとしても、なかなか頭が仕事モードに切り替わってくれずに、ついだらだらと作業をして

仕事用、打ち合わせ用など
カフェごとに使い分けるのもあり

しまいがちです。手短に片付く仕事なら〝短期集中〟でパパッと済ませてしまえますが、長時間取り組まなければならないような仕事では、やはり自分で設定した「仕事用の環境」に身を置いたほうが、ずっと集中しやすいはずです。

もしも、「うちはワンルームでそんな余分なスペースはない！」という場合は、ダイニングテーブルの真ん中に仕切りを作って、いつもと反対側に座ってみる、というだけでも、気分が変わって集中できるかもしれません。

「エレベーターミュージック」が集中力を高める

集中力を高める環境にとって、音は重要なファクターです。

どんな〝音〟があるときにもっとも集中できるのか、それは人それぞれ、かつ作業の内容にもよるでしょう。

手だけを動かす単純作業であれば、たとえば、ラジオのお喋りを聞きながら、という人もいれば、好きなアーティストの音楽をヘッドホンでがんがん鳴らしながら作業をするのが一番はかどる、という人もいるはずです。

しかし、なにか頭を使って考えるような、クリエイティブな作業の場合は、聞こえてくる音への反応はもう少しデリケートになるはずです。

たとえば、まったく音がない無音の環境での作業は、かえって集中できないでしょう。

前述したように（14ページ参照）、人間は動物としての本能からつねに外部からの刺激にアンテナを張っています。**まったく無音の状態では、このアンテナがつねに刺激に対して待機しているので、集中できなくなってしまいます。**たとえるなら、携帯電話が、電波の届かないところでは電波を探そうとして、逆に電力を消費してしまうのと似ています。

その場合、**小さなボリュームで、耳あたりの良い（つまり刺激の少ない）音楽を流しておくと、注意力が適度に引き付けられて、目の前の作業に集中しやすくなります。**

できれば日本語の歌詞のないものがよいでしょう。デザインやアートなどの作業以外は言葉で考えることが多いので、日本語が耳に入ると集中できない、という人もいます。

音楽配信などで「仕事がはかどるBGM」とか「スムーズジャズ」といったプレイリストがあるので、自分に合ったものをいろいろ試して選んでみるといいでしょう。

かつてはBGM（バックグラウンドミュージック）と呼ばれていたこうした音楽の使い方は、最近では「エレベーターミュージック」とも呼ばれています。

ホテルなど公共施設のエレベーターで、かすかに音楽が流れているのを感じたことはないでしょうか。エレベーターの狭《せま》い密室の中で、知らない他人同士が乗り合わせていると、隣の人のちょっとした会話が嫌でも耳に入ってしまい、緊張した空気が生まれてしまいがちです。

そんなときに、小さな音量で音楽が流れていると、注意が自然とそちらに引き付けられます。〝聞くともなく聞いている〟という状態。もしも誰かがお喋りをしたとしても気にならないでしょう。

このエレベーターミュージックはリラックスするためのものですが、この種のリラックスは集中力を高めるのに役立ちます。

そうは言っても、オフィスでは自分だけのために音楽を流すわけにもいかないでしょう。どうしても集中したいときに周囲の理解を得て、イヤホンで聞くようにするしかありません。

テレワークであれば、自宅で自分の好きなエレベーターミュージックを流しながら、仕事がはかどる〝音環境〟を作ることができます。

作家の村上春樹は、小説を書くときは音楽を聞かないけれども、翻訳《ほんやく》をするときは聞いているそうです。翻訳は「テクニカルな作業」だからだと言っています。

また、音楽家の坂本龍一は、どんな音量でも音楽を聞きながら本を読むことができないそうです。音楽家ならではの習性で、音として〝聞き流す〟ことができず、どうしても音楽として聴いてしまうからだそうです。

音楽を仕事にする人には、エレベーターミュージックは使えないようです。

作業BGMとして最適な「テンポ116」

人それぞれの好みによらず、集中力を高める効果のある音楽、というものはあるのでしょうか。

産業音楽を中心に音楽効果の研究・開発活動に取り組んでいた音楽家の片岡《かたおか》慎介《しんすけ》は、「テンポ116」理論というものを提唱《ていしょう》していました。

産業の現場でベテランといわれる人たちの動きを記録して分析してみると、そこには共通したテンポがあり、それが116BPM（Beat Per Minuteの略。116BPMは1分間に116拍という意味）だったというのです。

片岡は、これは体内時計の自然なテンポであるという仮説を立て、実際に試してみると、このテンポで作業をするときにもっとも効率が上がることを突き止めました。そして、作業中に音楽を流すなら、「テンポ116」が良いと推奨しています。

「テンポ116」の音楽を聴くと、脳がリラックスして集中しているときに出るα2波という脳波が出やすくなるのだそうです。この「テンポ116」理論を取り入れたCDも、いくつか市販されています。

また、「JRiver Media Center（アプリ名は「JRemote」）」などのアプリを使えば既存の音源のBPMを分析することができるので、自分のライブラリの中から好きな「テンポ116」をプレイリストにすることもできます。

ちなみに、よく知られた楽曲の中から、邦楽以外で「テンポ116」を探してみると、次のようなものが該当しました。

- ビリー・ジーン／マイケル・ジャクソン
- エスカペイド／ジャネット・ジャクソン
- ピアノマン／ビリー・ジョエル
- ロング・トレイン・ランニン／ドゥービー・ブラザーズ
- モーニン／アート・ブレイキー&ザ・ジャズ・メッセンジャーズ
- カノン（パッヘルベル作曲）

ぜひ仕事用のプレイリストに加えて活用してみてください。

〝砂嵐〟が集中力を研ぎ澄ませる？

音楽以外でも、ホワイトノイズと呼ばれる〝雑音〟もまた、集中力を高めると言われています。

ホワイトノイズとは、すべての周波数を等しく含んだ音のことです。すべての色を含んだ光が白く見えることから、こう呼ばれます。

オーディオ機器から時々発する、「サァー」という音。昔、テレビがアナログだった時代、放送終了後の「砂嵐」の音、と言えば、ある年齢以上の人にはわかりやすいかもしれません。

この**ホワイトノイズには「マスキング効果」があって、気になる周囲の雑音を遮断《しゃだん》してくれる効果があります。**雑音によって雑音を制する、というわけです。このマスキング効果によって、余計な刺激を遮断してくれるので、集中力を高めることができるという仕組みです。

どんな音か聞いてみたい人は、YouTubeや、Apple Musicなどの動画・音楽配信でも、「ホワイトノイズ」で探すことができます。

ちなみに、夜なかなか寝付けない人のために、このホワイトノイズを発生させる装置も、各種市販されています。もちろん睡眠時だけではなく、集中したいときにも活用できるので、テレワークのときに利用すれば、気になる生活音を遮断して、集中できる環境を作ることができます。

また、ピンクノイズというものもあります。やや専門的になりますが、オクターブごとの強さが一定となるノイズのことで、いわゆる「1／fゆらぎ」を持った〝雑音〟のことです。

ホワイトノイズが「サァー」なのに対して、それより低い「ザァー」という感じに聞こえます。小川のせせらぎのような心地よい自然音がこの「1／fゆらぎ」を持つピンクノイズであることはよく知られています。ちなみに小川のせせらぎのような自然音も、YouTubeなどの動画や音楽配信で見つけることができます。

散漫した集中力を調整する、自然の緑

森林浴《よく》のように緑豊かな自然の中に身を置くことは、心や体を癒やす効果があることは広く知られていますが、こうした自然環境が、集中力を高めるためにも効果があることが、実験で証明されています。

1980年代にアメリカのミシガン大学の環境心理学者レイチェル・カプラ

ンとスティーブン・カプランが、こんな実証実験をしています。

被験者を、AとBの2つのグループに分けます。

そして、Aのグループには、ダウンタウンの繁華街をしばらく歩いてもらい、Bのグループには、緑溢《あふ》れる植物園の中を歩いてもらいました。

その後、2つのグループに、集中力を測る簡単な計算をしてもらいます。100から3を連続して引き算して、97、94、91と続けていく計算です。

その結果、繁華街を歩いたAのグループよりも、植物園を歩いたBのグループのほうが20%も集中力が高かったのです。

これは、方向性注意と選択性注意の切り替えによるものと、2人は説明しています。

方向性注意とは、1つのことに集中した状態。この本で扱っているような、1つの作業に集中して取り組んでいる状態です。

選択性注意とは、いくつもの対象に注意が分散した状態。たとえば、自然の中にいると、さまざまな植物がランダムに目に入ります。川のせせらぎや鳥の声、空気の匂《にお》いなど、まさに五感を刺激され、さまざまな対象に注意が分散します。これが選択性注意です。

　自然の中で、選択性注意の状態をしばらく体験することで、方向性注意の集中力が回復・維持される効果が生まれる。というと難しく聞こえますが、要は**一点集中に疲れたら、目の前のさまざまな刺激に目を向け、耳を傾けることで疲れが取れる、それには緑豊かな自然環境が最適**、ということなのです。これをレイチェルとスティーブンは「注意回復理論」と呼んでいます。

　もしも、仕事場の近くに公園や緑地があれば、時々散歩してみるとよいでしょう。疲れた集中力が回復するはずです。

　とはいえ、そんな公園なんか近所にない、という人もいるでしょう。そんなときは、**デスクに植物を置くだけでも効果がある**、という実験結果も

植物をデスクに置くだけでも
集中力は高まる!

あります。

ノルウェー大学のルース・ラーナースらは、鉢植《はちう》えの植物を4つ置いたデスクと、なにも置いてないデスクで、被験者の注意力をテストしました。一連の文章を読んでもらい、各文章の最後の単語がなんだったのか思い出す、というものです。

その結果、やはり植物を置いたデスクの被験者のほうが、注意力が高かったという結果が出たそうです。

昼休みは公園でランチ、仕事の合間にはデスクに置いた観葉《かんよう》植物を時々眺《なが》めてみる、それだけで仕事の効率が違ってくるはずです。

ちなみに、窓からの眺めでも、集中力に差が出るそうです。

これもまた別の実験ですが、一方は窓からビルなどの人工物しか見えない部屋、もう一方は中に庭の芝生《しばふ》が見える部屋で被験者の集中力を試したところ、やはり芝生の見える部屋のほうが、集中力は高まるという結果でした。

パソコンを持って社内の好きな場所に移動できる人、カフェでリモートワークする人は、外に緑の見える窓際の席がお勧めです。

デスクワークで集中力を高める色とは？

テレワークのときに、案外見落としがちなのが、照明の問題です。

通常、オフィスの照明と家庭の照明は異なります。

オフィスで使われる照明は蛍光灯が一般的。やや青みがかったいわゆる「昼光色《ちゅうこうしょく》」と言われるもので、この青みが脳を覚醒《かくせい》させ、集中力を高める効果があるとされています。明るさも400～500ルクスと、家庭よりは明るめです。

一方、家庭ではリラックスできるように暖色系の電球色を用いることが多く、また明るさもオフィスに比べるとやや暗めに設定されていることが多いはずです。

そのため、テレワークで、家庭用のやや暗い照明の下で仕事をしていると、知らず知らずのうちに目に多くの負担がかかり、疲れが溜《た》まってしまうことがあります。

家庭でテレワークをするときは、仕事用のデスクライトで手元を明るく照ら

し、オフィスと同じような照明環境を再現すると良いでしょう。調光機能のある照明器具もあるので、用途に合わせて切り替える、という方法もあります。

ところで、テレワークのメリットの1つは、好きな時間に仕事ができることです。たとえば、夕方、家の用事でいったん仕事を中断して、夜になってから続きを仕上げる、というような働き方も可能です。

そんな時、夜に仕事用の明るい寒色系の照明を使うと、体内時計がうまく対応できず、仕事を終えて、さあ寝ようと思っても目が冴《さ》えて眠れなくなってしまう、ということがあるので要注意です。

夜は、あえて暖色系の照明でリラックスしながら仕事をしたほうが、結果的には効率が良い働き方ができるでしょう。

香りで集中力をコントロールできる！

家族がいる環境でテレワークをしている場合、たとえばキッチンから〝おいしそうな匂い〟がしてきて集中力が切れてしまった、なんて経験があるのではないでしょうか。

嗅覚《きゅうかく》は、意外と精神状態に影響するのです。ということは、逆に香りをうまく使えば、集中力を高めることができる、ということでもあります。

脳には、大脳辺縁系《だいのうへんえんけい》という記憶や感情を司《つかさど》る重要な部位があり、嗅覚と深い関連があると言われています。香りによって、この大脳辺縁系を刺激することで、集中力を高めることが期待できるのです。

地域シンクタンクの山梨総合研究所が行なった実験では、ジャスミン、ラベンダー、レモンなど7種の香りから好きなものを選んで10分嗅《か》いでもらったグループと、香りなしのグループでは、作業の集中力に有意な差が認められたそうです。また、香りありのグループでは、集中力の指標とな

香りを上手に利用して、
仕事・勉強の効率を上げよう！

る脳波成分が大きく出現したそうです。

集中力アップに効果があるとされる香りは、ローズマリー、ペパーミント、レモン、ユーカリなどがあります。前述した実験でもわかるように、好きな香りを嗅ぐのが良いようです。

また、オフィスなどでアロマを焚《た》いたりできない場合は、ペパーミント風味のガムやキャンディーで気分転換をしてみるのがお勧めです。

「スタンディングデスク」のススメ

スタンディングデスク、立ってデスクワークをする、というスタイルは、もともとは健康のために考えられたものです。

1960年代、イギリスの研究者がバスの運転手と車掌《しゃしょう》の突然死のケースを調べたところ、運転手のほうが3倍も死亡リスクが高かったことから、「座りっぱなし」は健康に悪い、ということがわかったのです。

現代のオフィスワーカーは、おそらく60年代のバスの運転手よりも座って仕事をする時間は長いでしょう。だからというわけではありませんが、このスタンディングデスクを取り入れる企業が、最近増えています。それも、グーグル、フェイスブック（メタ）、楽天など、オフィス環境の改善に積極的な企業を中心に、です。

長時間パソコンの前に座っていると、肩こり、目の疲れ、腰痛などの体の不調がひどくなると言われています。スタンディングデスクはこれらの症状を軽減するのに役立つことが期待できます。

それだけではありません。立って仕事をすることで集中力が高まり、生産性が上がることがわかったのです。

まず、**スタンディングデスクにすると、仕事にメリハリができます。ダラダラ仕事することがなくなります。**立っているときは仕事、疲れたら座って休む。このサイクルに慣れると、パソコンに向かいながらついＳＮＳをのぞいたりすることがなくなるのです。

また、**長時間立ち続けていると、時々座りたくなります。自然と一定の間隔《かんかく》で休憩をとるようになります。これがリフレッシュにも役立ちます。**

また、ランチのあとに眠気に襲《おそ》われることも少なくなります。そもそも、立っているだけでも筋肉を使った軽い運動なので、体に適度な緊張感があるのです。もちろん、立ったまま眠ることはありません。

もしも眠気が襲ってくるようなら、ちゃんと座るかまたは横になって「パワーナップ」（167ページ参照）をとればいいのです。

立ったままデスクワークをすることを好む人は、案外多いのかもしれません。アメリカ独立宣言の起草委員であったベンジャミン・フランクリンやトーマス・ジェファーソンもそうでした。

新聞記者から作家に転身したE・ヘミングウェイも、原稿を立って書いていたそうです。胸まである本棚の上で原稿を手書きし、清書するときはタイプライターを立ったまま打っていたとか。『誰《た》がために鐘はなる』『武器よさらば』など数々の長編小説は、すべて立ちっぱなしで書かれたというわけです。

3章

コンディションをベストに保つ「習慣」とは

朝、起きたらまずカーテンを開けること

その日1日を、気力充実、集中力全開で過ごすために、**朝起きて真っ先にやるべきこと、それはカーテンを開けること**です。

窓際に行ってサッとカーテンを開ける。季節や天候にかかわらず窓を開けてフレッシュな空気を胸いっぱいに吸い込む。これが正解です。

朝、自然光を浴《あ》びることで、セロトニンの合成が促進《そくしん》されます。

セロトニンは、覚醒《かくせい》、気分、意欲などと関連した脳内物質です。**セロトニンが活性化すると「さぁ、今日もやるぞ」という気分になり、集中力も高まります。**朝の自然光を浴びて気分がシャキッとしたら、「お、今脳内でセロトニンが分泌《ぶんぴつ》されているぞ」と思ってください。

セロトニンの分泌は覚醒とともに盛《さか》んになり、午後~夕方には低下します。夕方になるとメラトニンという脳内物質を作る材料になります。このメラトニンは睡眠物質とも言われ、メラトニンが多いほど夜の睡眠が深まります。ぐっ

すりと眠れて睡眠の質が高くなるわけです。その結果、翌朝も気分スッキリ、気持ちよく目覚めるという好循環が生まれます。

逆に、セロトニンが不足するとうつ的な状態になったり、メラトニンの分泌が少なくなり眠りが浅くなったりします。その結果、朝起きてもどうもスッキリしないということに。好循環どころか、負のスパイラルです。

セロトニンをしっかり分泌させる、それが1日のスタートでもっとも大切なことだと心得てください。

そのためには、まず、カーテンを開けて朝の自然光をしっかり浴びる習慣を身に付ける。自分でカーテンを開けるのは面倒だという人は、アプリを使って

起床したらカーテンを開けて
自然光を目いっぱい浴びよう!

自動でカーテンを開けることができるガジェットもあります。

スマートフォンのアラームを3回くらいスヌーズにしてようやく起きる、というタイプの人は、午前中はどうも調子が出ない、ということが多いのではないでしょうか。

そういう人は、「朝に弱い体質」なのではなく、ただセロトニンが不足しているだけかもしれません。

朝一番のコーヒーは目覚めを悪くする！

朝、カーテンを開けて自然光を浴びたあと、次にすることといえば、「コーヒーを飲んで頭をスッキリさせる」と考える方は多いでしょう。じつはこの習慣、集中力を高めるためには、あまりよろしくないという研究結果があります。

アメリカの神経学者スティーブ・ミラーによると、**朝の8～9時まではコーヒーを飲まないほうが良い**というのです。

これにもやはり脳内物質が関係しています。コルチゾール、これは覚醒に関連した脳内物質で、体内時計の作用に従って朝6時ごろから分泌量が増えていき、午前8～9時ごろが分泌のピークになります。ある程度不規則な生活をしていても、朝になるとなんとなく目が覚めるのは、このコルチゾールの作用というわけです。つまり、**人間の体は朝になるとゆっくりと覚醒するように調整されている**のです。

そこに、熱いコーヒーを流し込んで無理やり覚醒しようとすると、コルチゾールの分泌が抑制されてしまいます。すると、本来は自然と目覚めるはずだった脳が十分に目覚めることができず、いまひとつ眠気が取れない、なんとなくスッキリしない、ということになってしまいます。

さらに、このコーヒーでコルチゾールを抑制する習慣が続くと、カフェインに対する耐性ができてしまい、コーヒーが効かない、コーヒーを飲んでもちっとも覚醒しない、という事態になりかねません。これでは、せっかくのコーヒーもただ苦いだけになってしまいます。

ですから、**コーヒーを飲むなら午前9時半以降。**出勤前にオフィス近くのコーヒーショップで熱いコーヒーをテイクアウトして、紙コップ片手に出勤というスタイルがお勧めです。これなら、コルチゾールの覚醒効果を妨《さまた》げることなく、さらにコーヒーのカフェインで午前中の集中力を維持することができます。

ちなみに、朝のコーヒーを手軽に缶コーヒーで済ませる人もいるようですが、この場合は、微糖または無糖をお勧めします。

甘いコーヒーが好きな人は、糖分を摂ることで脳に栄養を与えているのだ、と考えがちですがこれは間違い。大量の糖分を、とくに空腹時に摂取すると、血糖値が急激に跳ね上がります。急激に上がった血糖値は、その反動で、下がる時も急激に下がります。この乱高下が自律神経の乱れの原因になり、疲労を感じやすくなってしまうという悪影響を及ぼす可能性があります。これは缶コー

朝一番のコーヒーはかえって脳の目覚めを妨げてしまう

ヒー以外の、カフェのコーヒーなどでも同じです。

どうしても甘味がないと飲めない、という人はグラニュー糖など精製した砂糖でなく、黒砂糖、きび砂糖、てんさい糖などの無精製の砂糖を使うと良いでしょう。

これらは、白い精製された砂糖に比べて消化が緩《ゆる》やかなため、血糖値の急激な上昇を抑えることができます。また、ビタミンやミネラルが豊富で体に良いのでお勧めです。

セロトニン分泌を促す、オススメの朝食とは?

さて、朝のコーヒー問題の次は、朝食問題です。集中力を高めるために、朝食になにを食べるのが良いのか。これはなかなか「これが正解!」とは言い難《がた》い問題です。なぜなら生活習慣や体質なども関係してくるからです。

そもそも、朝食はごはんかパンかという二大派閥があります。アンケート調査などを見てみると、パン派がやや優勢で全体の約5割、ごはん派が約4割、なにも食べないという人が約1割となっています。

これらの食事内容と、脳と体のパフォーマンスについて、大塚製薬が興味深い調査をしています。

まず、被験者を4つの食事タイプに分けます。

①洋風パン食（食パン、ゆでタマゴ、サラダ、ハム、ヨーグルト）
②栄養調整食品（カロリーメイト）
③おにぎりのみ
④朝食を摂らない（水のみ）

摂取カロリーは、①〜③はほぼ同じになるように設定されています。

その結果、集中力がもっとも発揮されたのが①の洋風パン食と②の栄養調整食品でした。③のおにぎりのみは、①、②とほぼ同等のカロリーであるにもかかわらず、④の朝食を摂らないグループとほぼ同じという結果でした。

この調査を見る限り、高い集中力を発揮したいなら、**朝食はちゃんと摂る、かつ、栄養バランスも大切**、ということが言えるでしょう。「おにぎりのみ」は炭水化物のみということなので、おそらく「パンのみ」でも同じ結果になったはずです。

朝食は栄養バランスが大切、というのは大塚製薬が出した結論ですが、では、セロトニン分泌を最大にするという視点から見ると、どんな食材が良いのでしょうか。

セロトニンは、脳内で作られますが、その材料はトリプトファンというアミノ酸です。このトリプトファンは体内で作ることができないので、食事を通して摂取する必要があります。

トリプトファンが多く含まれている食品は、チーズ、牛乳、ヨーグルトなどの乳製品、豆腐、納豆、味噌などの大豆製品、カツオやマグロなどの赤身魚、豚ロースや鶏胸肉などの肉類、米、パンやパスタなどの穀類《こくるい》、その他、ニラ、ほうれん草、アボカド、バナナ、カシューナッツなどです。

トリプトファンをたくさん摂取してセロトニンを合成するためには、和食なら、ご飯に味噌汁、納豆、焼き魚。洋食なら、パンにヨーグルト、バナナ、アボカド入りサラダ。あるいは、カシューナッツがたっぷり入ったシリアル、というメニューがお勧めです。

ただし、前述したように、朝食は習慣的に摂らないという人も約1割程度います。それで健康的に問題がないという人も多いでしょう。このような人たちは体内の脂肪をうまく燃やしてブドウ糖を作ることができるので、あえて朝食を摂らなくても問題ない、という専門家もいます。

午前中から高い集中力を発揮するためには、コーヒーは抜きにして、栄養バランスのとれた朝食をちゃんと摂る、というのが基本。ただし、自分の体質を考慮《こうりょ》して、朝からたくさん食べるのはしんどい、かえって眠くなってしまう、という人は、無理して食べずに自分に合った体調管理を心がけてください。

朝の軽いリズム運動は頭をスッキリさせる！

朝、セロトニンの分泌を促《うなが》すことが重要であることはすでに述べました。セロトニンの分泌を促す要素は3つあります。

①自然光を浴びる

②咀嚼《そしゃく》する

③リズム運動をする

①の「自然光を浴びる」は56ページで述べた通り。②の「咀嚼する」は、朝食をしっかり摂ることでクリアできます。できればパンやご飯だけでなく、副菜も摂ってしっかり咀嚼することがセロトニンの分泌につながります。

そして、③のリズム運動です。セロトニンは、軽い運動によっても分泌が促されます。それも、そのメカニズムは解明されていませんが、一定のリズムで体を動かすような運動によって分泌量が増えることがわかっています。

たとえば、スクワットや縄跳び、エアロビクスやダンスでもいいでしょう。30分早起きして、軽くウォーキングやジョギングをするのも効果的です。咀嚼することでセロトニンが増えるのも、体をリズミカルに動かすことと関係していると考えられています。

リズム運動は少なくとも5分以上続けることが効果的です。運動を始めて約5分後からセロトニン濃度が高まり、20〜30分後あたりがピーク。それ以上の運動は、かえってセロトニンの効果を低下させるという報告もあります。

コロナ禍で在宅勤務が多くなり、外出する機会が少なくなったという人も多いでしょう。そんな人は、仕事を始める前に軽く散歩をするだけでも、運動不足の解消になり、朝の自然光を浴びることもでき、さらにセロトニンが増えて、一石二鳥以上の効果が期待できるはずです。

また、**自転車をこぐこともリズミカルな運動**です。自転車通勤を試したことがある人は、午前中から頭がスッキリして不思議と仕事がはかどる、と感じたことはないでしょうか。

これは、運動によって血行が良くなったこともありますが、セロトニンの分泌が影響しているからでもあるのです。

コロナ禍をきっかけに、満員電車を避けて自転車通勤に切り替えてみると、きっと今まで以上に仕事に集中できて、気が重い午前中の会議もキレキレで乗り切れるかもしれません。

スポーツで、頭を切り替える習慣を身につけよう

運動の効果は、セロトニンの分泌だけではもちろんありません。**適度な運動**

によって気分を切り替えるという効果もあります。

在宅勤務で通勤時間が少なくなった分、時間に余裕ができた、という人は、水泳、テニス、サイクリングなどの簡単にできるスポーツを始めてみるとよいでしょう。

週一回でもスポーツをすることで、頭の中を切り替える習慣が身に付きます。ただ運動のために体を動かすのと違い、スポーツをしているときには動きに全神経を集中します。たとえ遊び半分でやっていても、テニスコートでボールを追っているときに、仕事のことを考える人はいないはずです。

また週一回でも、テニスコートやジムなど普段とは違う場所に身を置くことも、感覚をリフレッシュさせてくれます。

すぐに始められる、ジョギングやウォーキングでも、切り替えを意識して、今している動作に集中するようにします。

ちょっとした状況の変化で頭を切り替えることが無意識にできるようになると、普段の仕事などでも周囲に煩《わずら》わされることが少なくなり、集中の〝基礎体力〟がついたと感じることでしょう。

「姿勢」への意識が、集中力を高める

毎日、デスクに向かうときの姿勢に気を付ける、これだけの習慣でも、集中力はアップします。

アメリカの社会心理学者ロイ・バウマイスター博士は、「意思の力」を科学的に論じたことで有名ですが、博士の言う「意思の力」も集中力を生み出す源の1つです。

博士はなにが意思力に影響するのかを調べるために、こんな実験をしました。学生を次の3つのグループに分け、2週間生活してもらいます。

- Aのグループは、2週間、つねに姿勢に気を付けるように意識してもらいます。気が付いたら、背筋を伸ばすよう心がけます。
- Bのグループは、食べたものをすべて記録してもらいます。朝昼夜の食事だけでなく、間食のスナックなどもすべて記録します。

・Cのグループは、前向きな感情を持つことを意識して生活してもらいます。具体的な行動は指示することなく、とにかく何事もプラス思考で考え、ポジティブな感情を持つように意識して行動してもらいます。

この生活を、2週間続けたあと、集中力の変化を測定します。

バネ式のグリップをどれだけ集中して握っていられるか、という単純なテストをしてもらい、実験前に測定しておいた数値と比較してみました。

その結果、意外にも、いっけん集中力とは関係なさそうなAのグループが、もっとも集中力が向上したというのです。

いったいなぜなのか。

悪い姿勢で仕事をしていると
意識はどんどん散漫になる

姿勢に気を付けようとすると、つねに気を抜けません。座っているとき、立っているとき、歩いているとき、どんなときでも、背筋が曲がっていないか、前屈姿勢になっていないか、など、**いつでも自分の姿勢に意識を向けて、正しい姿勢を保とうとすることが、じつは日頃から集中力をオンにしておくために、良いエクササイズになっていた**のです。

また、姿勢を正しく保つことは、それ自体、疲れを軽減することにもつながります。

とくにオフィスワーカーはパソコンを操作している時間が長いので、無意識に前かがみの姿勢になりがちです。また、よく「スマホ首」といわれるように、スマートフォンを操作する時間が長くなることで、首の前側にある胸鎖《きょうさ》乳突《にゅうとつ》筋《きん》が前に引っ張られ、肩こり、頭痛、めまいなどの体調不良を引き起こす原因になります。そのような姿勢で長時間集中力を維持することは、とうてい無理でしょう。

健康のためにも、つねに正しい姿勢を意識することで、日頃から集中力のレベルを高めておくことをお勧めします。

4章

仕事のクオリティを上げる「段取り」とは

アイデア出しは午前中がもっとも効果的！

1日のうちでも脳の状態は変化します。したがって、1日にするべき仕事のスケジュールをどう組むかで、集中力は変わってくるのです。

仕事には単純作業系とクリエイティブ系があることはすでに述べましたが、このことは、1日の〝ペース配分〟を考えるときにも、意識しておくと役に立ちます。

午前中、最初の仕事はクリエイティブ系、つまり集中力を発想に振り向けるような仕事が向いています。

午前中の脳は、睡眠で疲労がスッキリと取れているはずですから、さまざまな刺激に敏感です。ですから、なにかアイデアをひねり出す作業、考える作業が良いのです。

また、集中力を発揮しやすい時間は、一般的に目覚めてから2～3時間経過したあたりといわれています。朝7時に起床する人なら9時か10時ぐらいにエンジンがかかり、頭が冴《さ》えてくるというイメージでしょう。

たとえば、商品開発についてなにか新しいアイデアを探しているときなどは、この時間に人を集めてブレーンストーミングを行なうのが効果的です。

集中力のもう1つのピークは、午後の3時あたりです。この時間帯は、脳に疲れが溜《た》まり始めているので、発想力が求められるクリエイティブ系の作業よりも、ルーティン系の作業が適しています。適度な疲れが注意力を鈍《にぶ》らせるので、外部の刺激に敏感に反応することなく、黙々と作業に没頭《ぼっとう》できるのです。

この時間は、メールの対応をまとめて行なう、あるいは、報告書やまとめ資料の作成などにあてると、効率的です。

集中しているときに深く考える仕事はしない

アメリカのアルビオン大学のマライケ・ウィートとローズ・ザックスは、午前と午後の作業効率に関するこんな実験を行ないました。

まず、被験者の学生428人をアンケートによって朝型か夜型かを分類します。そして、被験者の半分には朝8時30分~9時30分、残りの半分には午後4~5時の時間帯に、テストを受けてもらいました。

テストは2タイプがあり、1つは、地道に論理を積み上げていけば解けるような問題、もう1つは、少しひねりを加えた内容で、洞察力《どうさつりょく》が求められるような問題です。

その結果、前者については有意な差は認められませんでしたが、後者については興味深い結果が得られました。

朝型の被験者は、午後にテストを受けたほうが良い結果に。また、夜型の被験者は、午前中にテストを受けたほうが良い結果に。つまり、**洞察力を求められる問題については、それぞれ本来なら〝調子が出ない〟時間帯のほうが、良い結果になった**のです。

この結果について、ウィースとザックはこう分析しています。

「脳のパフォーマンスが高まっているときには、目の前の作業に集中できる。しかし、その集中がかえって重要なことを見落とすことにつながるときもある。問題をさまざまな角度から検証し、思い込みを捨てて別の角度からアプローチしてみたりする必要があるときは、脳のパフォーマンスが100%ではないほうが、かえってよい結果が出るのではないか」

これが本当なら、正攻法ではすぐに行き詰まってしまうような厄介《やっかい》な問題は、朝型なら午後の、夜型なら午前中の集中力が少し落ちた時間帯に取り組むのが良い、ということになるでしょう。

ToDoリストを作成して作業を明確にする

その日の作業を明確にするためにも、「ToDoリストを書き出す習慣をつけましょう。

朝、仕事を始める前に、その日にやるべきことを書き出してみる。あるいは、その日の最後に、翌日やるべきことを書き出しておくようにします。

どのような形式で、どのくらいの頻度で、など、そのやり方については、人それぞれに合ったやり方があるでしょう。几帳面《きちょうめん》な性格の人は、毎日細かく書き出して、重要なものには◎など記号で分類したり、かかる所要時間を見積もって書き添《そ》えておいたり、詳細なToDoリストが作れるはずです。

ある人がこれで成果を上げたからといって、ルーズな性格の人がこれをやろうとすると、3日も続かないということになってしまいます。いくら有効なやり方でも、続けることがストレスになってしまっては意味がありません。

人それぞれ、性格や業務に合った方法でよいでしょう。

ここでは1つの例として、古くから使われて定評があるアイビー・リー方式というものをご紹介しておきましょう。

20世紀前半のこと、アメリカの大手鉄鋼会社であったベスレヘム・スチール・コーポレーション初代社長チャールズ・シュワブのために、コンサルタントのアイビー・リーが考案した方法です。

ポイントは次の通り。

①前日夜に、「明日やるべきこと」を6つメモする
②その6つを、重要だと思う順に番号をふる
③当日、メモの順番に沿って仕事を進める
④全部処理できなくても、悔やまない

アイビー・リー方式

① 前日夜に、「明日やるべきこと」を6つメモする
② その6つを、重要だと思う順に番号をふる
③ 当日、メモの順番に沿って仕事を進める
④ 全部処理できなくても、悔やまない
⑤ その日の夜も、翌日やるべきことを6つメモする
⑥ ①〜⑤を毎日繰り返す

⑤その日の夜も、翌日やるべきことを6つメモする

⑥①〜⑤を毎日繰り返す

シュワブは、アイビー・リーの言う通りにやってみたところ、確かにこれはいいと実感できたので、従業員にも広く推奨《すいしょう》したそうです。

どんな方法でも、ToDoリストを作成するメリットは、やるべきことを視覚化することにあります。ですから、できればパソコン上のスケジュール管理ソフトやスマホアプリではなく、メモやノートに手書きで記しておくことをお勧めします。自らの動作で視覚化することで、より強く脳にインプットされるからです。

作業が達成できたら、上から線を引いて消します。この動作によって、より達成感を得るこ

とができるはずです。

〝デキる人〟はマルチタスクをしていない！

仕事は〝デキる〟人のところに集中しがちです。重要なタスクをいくつも任されて、いくつものチームを分刻《ふんきざ》みで行き来しながら、同時進行させていく……そんな〝デキる〟人のイメージはもう過去のもの。バブルのころの名残《なごり》だと思ってください。

マルチタスク、いくつものタスクを同時に処理することはじつは効率が悪い、ということは、すでに多くの識者が指摘しています。いくつもの作業に同時に取りかかるよりも、**一つひとつ確実に処理していったほうが、結果的には効率が良い**のです。

ちなみに、頭の回転が速い人を、「まるでコンピュータのようだ」ということがありますが、コンピュータにマルチタスクはできません。

現在使われているコンピュータのほとんどは「ノイマン型コンピュータ」と

呼ばれるもので、その原理は1940年代に数学者のフォン・ノイマンが考案して以来、基本的には変わっていません。性能は級数的に進化していますが、基本原理は同じです。

ノイマン型コンピュータでは、原理的に、一度に1つの命令しか処理できないのです。

実際にはマルチタスクを実現しているように見えますが、実際にはOS（オペレーティング・システム）でうまくやりくりして、マルチタスクを実現しているかのように見せかけているだけです。

というわけで、コンピュータにできないことが、人間にできるわけがないのです。

アメリカのスタンフォード大学の神経科学者エヤル・オフィルは、

「人間は、本当はマルチタスクなどしていない。

デキる人はうまく頭を切り替えて複数の仕事をこなしている

タスク・スイッチング（タスクの切り替え）をしているだけだ」と言っています。

つまり、実際にいくつもの仕事を同時にこなしている（ように見える）人は、本当は同時に作業しているのではなく、その都度素早く頭（仕事）を切り替えているというのです。

アメリカのコーネル大学経営大学院の客員教授を務める実業家デボラ・ザックは、「シングルタスク（一点集中術）」という働き方を推奨しています。

シングルタスクとは、そもそも人間の脳は、複数のことに同時に集中できないようにできている。だから、まず目の前の作業に専念しよう。その作業が終わったら、次の作業に着手する。それがもっとも効率的である、という考え方です。

実際、いくつもの作業を同時にこなそうとしても、結局はトータルで時間がかかってしまって、結局は効率的ではなかった、という体験をしたことがある人も多いのではないでしょうか。

マルチタスクでいくつもの作業をバリバリこなす人が〝デキる〟人だ、という古い先入観を、まずは払拭《ふっしょく》するべきでしょう。

目の前の作業に集中するための仕事の進め方

マルチタスクよりもシングルタスク、と割り切っても、**溜まっている作業があると、ついつい気になってしまって目の前の作業に集中できない**、ということがあります。

旧ソ連の心理学者ブルーマ・ツァイガルニクがこんな実験をしました。

被験者たちに20項目の作業をするよう指示します。半分は完了させ、残りの半分は「時間が来たので」と言って未完のまま切り上げさせます。その後、被験者たちの記憶を調べたところ、完了した作業よりも、未完のままの作業のほうが、より強く記憶に残っていることがわかったのです。

これを「ツァイガルニク効果」と言います。

身近な例で言えば、最近のバラエティ番組の巧妙《こうみょう》な編集です。CMに入る前などに、あとで放送するコーナーの一部を〝予告〟的に挿入するという手法がよく見られます。

見ているほうは、どうもそのシーンが気になってしまい、最後まで見続けてしまう、という効果を狙っているわけです。

仕事も同じで、今はこの作業に専念しようと思っても、次にやらなければいけない作業がふと気になって、集中力が落ちてしまう、ということはないでしょうか。

そんなときこそ、前述したToDoリストが役に立ちます。

ToDoリストには、優先順位をつけておきましょう。まず、片付けなければいけない作業はどれで、次はどれ、という順序を明確にして書き出しておくことで、今やるべき作業以外を頭から追い出してしまうのです。

その際、それぞれの作業にかかる時間を、だいたいでよいので見積もっておくことは、効率化に役立ちます。

「今取りかかっている作業は、だいたい4~5時間で終わるはず。だとすれば、今日中に次の作業に取りかかることができそうだ」というような、時間の見積もりを立てておけば、それ以降のスケジュールが立てやすくなります。

とくに今は、ほとんどの作業の場がパソコンです。メールも放っておくとリアルタイムで着信を知らせてきます。

作業をしながら、メールの返信などの雑事が合間に飛び込んでくることもしばしばです。そうなると、「いつやってもいいのだけれど、なるべく早くが好ましい」というような明確な期限のない案件は、ずるずると後回しにしてしまいがちです。

ToDoリストに記載するときに、所要時間を見積もって、遅くともいつまでに完了と決めておけば、スケジュールが管理しやすくなり、目の前の作業に専念しやすくなります。

作業の順番に変化を加えると、頭がクリアに

集中力が続かない時は、休憩をとるのが一番ですが、現実的には難しい場合もあります。「その作業、今日の4時までに仕上げてほしい」などと期限を切られていると、集中力の限界だとわかっていても〝もうひと頑張り〟せざるをえ

ない、そういうときがあるものです。

そういうときは、目先を変えてみる、というのも1つの方法です。段取りを組み替えるのです。

脳は、いつもそのポテンシャルの数%しか使われていないといわれています。**なにかに集中しているときは、脳の力をすべて発揮しているのではなく、一部の機能を集中的に使っているだけです。**

だから、目先を変えて、脳の別の機能を使うようにすれば、集中力の限界を引き延ばすことができます。

たとえば、企画書などの文書を作成しているのなら、ページを飛ばして後半を進めてみる。あるいは、巻末に添付する予定のデータの整理を先にやってみる。スケジューリングや予算の策定《さくてい》など、細かな数字を扱うことに行き詰まったら、販促物のデザインコンセプトなどまったく性質の違うことを先に進めてみる。

もちろん、本来ならしっかり休憩をとってリフレッシュすることが理想ですが、**あくまで応急処置として、目先の順番を入れ替えるという手段も覚えてお**

いて損はないかもしれません。

会議中のメモは、パソコンよりも手書き！

会議や打ち合わせが始まるとき、現在、多くの人が最初にやることは、まずノートパソコンを開くことでしょう。以前はノートや手帳を開いて手書きでメモを取るのが普通でしたが、今や仕事の場にはパソコンは欠かせません。1日仕事をしていて、一度も筆記用具を手にすることがない、という人もいるのではないでしょうか。

しかし、**仕事への集中力を高め、確実にパフォーマンスを上げたいのなら、ToDoリストの項で述べた通り、じつはメモやノートは手書きで取るほうが良いのです。**

これに関しては、アメリカのプリンストン大学のパム・ミューラーとUCLA（カリフォルニア大学ロサンゼルス校）のダニエル・オッペンハイマーの2人が興味深い実験をしています。

被験者である学生たちに、TED（Technology Entertainment Design）の講義映像を見てもらいます。その際に、パソコンでも手書きでもどちらでもよいので、授業でいつも自分がやっている方法でメモを取るよう指示しておきます。

その後、講演の内容の理解度を試すテストを行ないました。

その結果、手書きのグループとパソコンのグループでは明らかな差がありました。事実関係の記憶を問うテストこそ、大きな差は出なかったのですが、内容の概念的理解の問題では、手書きグループのほうが大幅に得点が良かったのです。

パソコンでメモを取ったグループは、手書きグループよりもずっと多くのメモを取っていましたが、講師の言葉を逐語《ちくご》的に、つまり忠実に書き取る傾向が見られました。一方で手書きのグループは、講義の内容を〝自分の言葉〟で書き取っているため、概念的理解が深まったとミューラーらは分析しています。

一般に、キーボードを叩いたほうが、手書きよりも速く書くことができます。ただ、内容を理解しなくても聞いた通りに指を動かせばメモは取れるので、つい指先だけの作業になりがちです。

手書きの場合、内容を理解して、言葉の表現を換えたりする脳の作業が必要なので、脳が刺激され、活性化されます。

なんでもデジタルで済まそうとするよりも、打ち合わせの際は、パソコンを閉じて手書きでもメモを取ることをお勧めします。内容を概念的に理解しなければ、自分の言葉でメモを取ることはできないので、自然と集中力も高まります。

また、打ち合わせ以外でも、アイデアメモや情報収集を手書きで記すと、脳に強く記憶を残すことにつながります。ふと思いついたアイデアや、街で見かけて気になったこと、あるいは読んだ本のワンフレーズや、映画の感想などを手書きでメモしておくと、脳を錆びつかせないトレーニングになります。

パソコンは手書きより多くのメモを取れるが、指先だけの作業になりがち

ちなみに、ミューラーらの実験には続きがあります。最初のテストのあと、今度はパソコンのグループにも、逐語的に書き取るのではなく自分の言葉でメモを取るように、指示しました。その結果は、最初のテストと同じでした。普段パソコンでメモを取っている学生は、どうしても逐語的になってしまい、自分の言葉でメモを取ることができなかったのです。

さらに、それならパソコン派の学生は、あとでメモを読み返して、改めて理解を深めるのではないかと考え、今度は、講義を聞いたあとに一週間の復習期間を設けたうえで、テストをしてみました。その結果も、やはり同じことだったそうです。

やはり、打ち合わせにはノートとボールペンが必要なようです。

仕事の上手な持ち越し方

途中で中断したことは頭に引っかかって記憶からなくなりにくい、という前述の「ツァイガルニク効果」をうまく利用すれば、仕事の効率を上げることができます。

1日の終わりに、キリのいいところで終わらせず、あえてキリの悪いところまで手を付けておくのです。

たとえば、残業して企画書を1つ書き終え、さて、明日は朝から××の件に取りかかろう、と思ったら、普通はそこでパソコンの電源を落として帰り仕度をするでしょう。でもそこは、あえてあと15分頑張りましょう。

コーヒーでも飲んで疲れを癒やしながら、明日取りかかる作業の資料に改めて目を通す、という時間を作るのです。なにも本格的に作業に取りかかることはありません。もう一度頭に入れておく、くらいの感覚で資料に目を通しておく。確認しておく。

この15分の作業で、明日の作業の効率がだいぶ違います。

ツァイガルニク効果によって、脳に記憶が残っているので、明日、取りかかるときに脳はすでに準備万端《ばんたん》になっています。頭の中のワークスペースには、必要な情報がすでに並べられている状態です。すぐに集中力を全開にして作業に入れるのです。

キリのいいところで終了して改めて始めると、まず情報をインプットするところから始めなければなりません。その結果、脳が機能し出すまでに時間がかかってしまいます。

このツァイガルニク効果は、**手作業が中心の作業よりも、企画やアイデアが欲しいときのクリエイティブな作業で威力を発揮します。**

脳は24時間働いています。本人が、今日はもう仕事は終わりだ、明日にしよう、といってパソコンを閉じたあとも、ずっと働いています。

だから、仕事終わりに明日考えるための情報をあらかじめインプットしておけば、その間にしっかり脳が働いて、明日、思考を始めたときにアイデアが湧《わ》いてくるかもしれません。

あるいは、夜シャワーを浴《あ》びているときに、突然ナイスなアイデアが閃《ひらめ》く、ということもよくあることです。

わずか15分の違いが、大きな差になるはずです。

仕事終わり以外にも、このテクニックは使えます。たとえば、ランチに出る前に、午後に行なうはずの作業に少し手を付けておく。データの集計中なら一部のデータだけで入れておく。文章を書くような仕事なら、次の段落の頭の文章をなんでもいいから書いておく。それだけで、午後の作業にすんなりと入れます。

ちょっとコーヒーブレイクにしよう、というときも、あえて作業の途中で休憩をとるようにすることで、休憩明けからすぐに集中力全開でスタートすることができるでしょう。

休んでいるときも、脳だけは集中力を切らさないのがコツなのです。

ミスを限りなくゼロにするための絶対のコツとは？

集中力が下がると、作業の効率もクオリティも下がります。そればかりか、思わぬミスにつながる場合があります。

人間である以上、うっかりミスをゼロにすることはできない、と言われますが、業務の性格によっては些細《ささい》なミスもゆるされないものもあります。

コロッケにかけるソースを醤油と間違えた、というぐらいなら、それほど大きな被害にはなりませんが、運転中にブレーキとアクセルを踏み間違えたりすると、大きな事故になりかねません。あるいは、社内メールのつもりでクライアントの悪口を書いて送ったら、ccにクライアント担当者のアドレスが入っていた、などというう っかりミスは笑い話になりません。

うっかりミスを未然に防ぐためには、まず、ミスのパターンを理解することが大事です。

イギリスの心理学者ジェームズ・リーズンは、人間の犯すミス（ヒューマンエラー）を、次のように分類しています。

●予期せぬミス（うっかりミス）

スリップ（行為のミス）　例：間違って送信ボタンを押してしまった

ラプス（記憶のミス）　例：担当者の名前を間違えてしまった

●意図的なミス（ルールを知っていてあえて無視する場合で、狭義ではミスとは言わない）

ミステイク（計画のミス）　例：納品が期日に間に合わなかった

ヒューマンエラーの分類

	種類	例
予期せぬミス	スリップ	間違って送信ボタンを押してしまった
	ラプス	担当者の名前を間違えてしまった
	・記銘のミス	段取りをちゃんと覚えていない
	・保持のミス	覚えていたのに忘れてしまった
	・想起のミス	こう対処すべしという指示を思い出せなかった
意図的なミス	ミステイク	納品が期日に間に合わなかった
	違反	バレないと思い、やるべき業務を怠った

違反　例：バレないと思い、やるべき業務を怠った

これらのうち、ラプス（記憶のミス）については、

記銘《きめい》のミス　例：段取りをちゃんと覚えていない

保持のミス　例：覚えていたのに忘れてしまった

想起のミス　例：こう対処すべしという指示を思い出せなかった

のように、さらに細かく分類ができます。

この中で、**自分がどのタイプのミスをしやすいのか、あらかじめ自覚していれば、事前に対策してミスを防ぐことができます。**

たとえば、ラプス（記憶のミス）の中でも記銘のミスが多いのであれば、最初の段階でしっかり段取りを頭に叩き込んでおく必要があります。

保持のミスが多いのであれば、しっかりメモしたものをつねに携帯するなどの対策ができます。

人間、ミスをゼロにするのは難しいにせよ、限りなくゼロに近付けることは無理ではないのです。

5章

達成感を高めるために「目標」をどう定めるか

集中力を高める「ドーパミン」はどうすれば出る？

人並み以上に集中力を必要とする職業に、スポーツ選手があります。

スポーツ選手はなぜ、試合のときにあれだけの集中力を発揮できるのか。なぜ、日々のハードな練習を、集中力を持ってこなせるのか。そのヒントは、彼らが試合に勝利を収めた瞬間の、脳内にあります。

人はなにか目標を達成すると、なんともいえない高揚《こうよう》感、幸福を感じます。それは、脳内でドーパミンが分泌《ぶんぴつ》されるからです。

ドーパミンは、別名「幸福物質」とも呼ばれます。なにか目標を達成したとき、欲求が満たされたときに脳内で分泌され、幸福感をもたらします。前述のセロトニン、強い肉体疲労やストレスを感じたときに放出されるノルアドレナリンと並んで、三大脳内物質の1つと言われます。

ドーパミンは、試合に勝利した瞬間のような大きな達成感を得たときだけでなく、テニスでショットが決まった、ゴルフでうまく打てた、など、たとえ小さくても「達成感」を得れば分泌されます。もちろん、パワーポイントで数十ページの企画書を書き上げた「達成感」でも同様です。

ドーパミンは、脳の「A10」と呼ばれる神経系で作られます。ここから、中脳辺縁系《ちゅうのうへんえんけい》、中脳皮質《ひしつ》系などを経由して脳内に伝達され、さまざまな作用を引き起こします。

たとえば、大脳《だいのう》辺縁系では海馬《かいば》を刺激して、記憶力や学習能力を高めます。側坐核《そくざかく》を刺激することで快感をもたらし、「またこの快感を味わいたい！」と感じさせます。

そして前頭葉《ぜんとうよう》ではワーキングメモリーを活性化させます。つまり、注意力・集中力を高める働きを促《うなが》します。

簡単に言えば、**ドーパミンが分泌されると、集**

小さな達成感を得られるだけでも
「幸福物質」ドーパミンは分泌される

中力が高まる、ということです。

では、どうすればドーパミンを分泌することができるのか。

ドーパミンは、前述した通り、なにかを成し遂げたり、欲求が満たされたりして「達成感」を得たときに分泌されます。また、なにかを成し遂げようと目標を立てるだけでも、気分がワクワクしてドーパミンが分泌されることがわかっています。

まず、目標を立てる。ドーパミンで集中力を高めて、達成する。すると達成感がもたらされ、さらにドーパミンが出る。集中して次の目標に向かうことができる。

こんなふうに、よい循環を意識することで、ドーパミンをうまく利用して集中力を維持することができるはずです。

厄介な仕事は後回し、まずは簡単な目標をこなす

「達成感」を味方につけるためには、まず、小さな目標を目の前に設定して、

それを達成する。つまり、簡単な仕事は先に片付けてしまうほうが良いのです。

人によっては、難しくて面倒な仕事を最初に頑張って片付けてしまえば、あとがラクになる、という人もいますが、脳の機能を考えるとあまりお勧めできません。

「最初にこの厄介《やっかい》な仕事を片付けてしまえばラクになる……」。そう思いながら作業を進めようとしても、なかなかモチベーションが上がらず、効率が落ちてしまいます。

本当は面倒な仕事は先延ばしにしたいと思う。これは人間の心理として自然なことです。心理学ではこれを「達成バイアス」といいます。

たとえば、時間のかかる重要度の高い案件と、簡単に済む小さな案件があった場合、人はついつい重要度の高い案件を後回しにして、簡単な案件から取りかかる習性があります。これが達成バイアスです。

これは、いわば「先延ばし」の心理で、従来は「人間はなにかとラクをしたがる」という、あまりよくない側面を説明するものとして使われていました。

ところが、最近の報告によれば、**面倒な仕事に最初に取りかかるよりも、簡**

単な案件をさっさと片付けてから、大きな案件に取り組んだほうが、結局早く終わるという結果が出ています。これは、前述したドーパミンの作用ということで、科学的にも説明できます。

作業に取りかかるときは、まず、簡単な仕事から取りかかる。それが、スタートダッシュにもつながります。リーグ戦で、最初に強敵と当たって連敗してしまったら、気持ちが萎《な》えてしまうでしょう。できれば、まずは連勝でスタートして勢いに乗りたい、それで後半戦も乗り切ろうという「**先行逃げ切り**」が、**結局は勝利への方程式**ということです。

計画的に、細かく区切って目標を立てる

大きな目標を達成しようとするときは、つねに最終目標だけを見続けるのではなく、**目標を小さく区切って、一つひとつ達成していく**ようにしましょう。

山登りでも、最初から山頂だけを目指して黙々と歩き続けるのには、タフな精神力が必要です。

だから、たいていの人はこう考えます。よし、向こうに見えている木のところまで行こう、次は、あの岩のところまで登ろう。

そうやって目標を区切れば、「木のところまで来たぞ！」「岩まで登ったぞ！」とその都度達成感を得ることができます。達成感を得られれば、ドーパミンが分泌されて、力が湧《わ》いてきます。そして「今度はあの辺りまで登ろう」と次の目標に向かう元気が湧いてきます。

とはいっても、実際の仕事では、ここまでできたから次の目標はあそこにしよう、などと行き当たりばったりというわけにはいきません。ある程度は計画性が必要です。

仮に、来期の販促戦略を構築する、というような大きな目標があるとしたら、来月中にはなんと

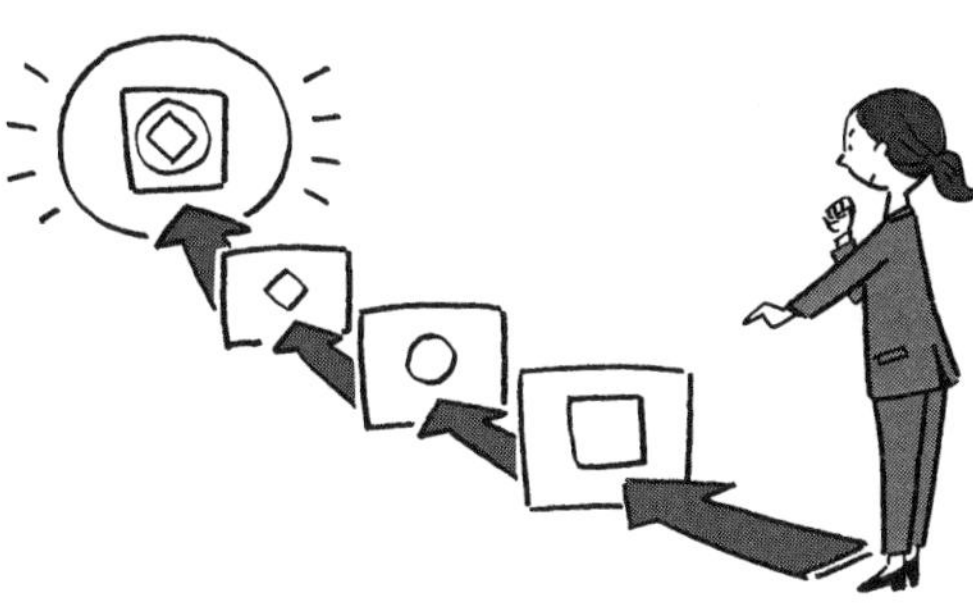

目標を小さく区切って
ドーパミンを活用しよう！

か達成しよう、などという漠然とした目標ではなく、目標を小さく区切って計画を立てる、ということが必要です。

たとえば、まず、今週中に資料の整理を終わらせる。来週中には、大まかなアウトラインをまとめる。というように、手頃なサイズの目標に切り分けて考えるのです。

来月中には達成しよう、などと大きな目標だけを目指していると、途中で息が続かなくなって、集中力が切れてしまいがちです。その結果、作業がなかなか進まなくなり、今週はダメだった、来週頑張ろう、などと気持ちがダレてしまいます。

目標を小分けにしておけば、目標をクリアするたびに達成感を得ることができ、自然と集中力を維持することができるようになります。

目標の難易度はどれくらいがちょうど良いのか？

目標を小分けにして、一つひとつ達成していく、といっても、個々の目標をあまり小さくしすぎても逆効果になりかねません。

アメリカのコロンビア大学で行なわれた、こんな実験があります。

被験者に、与えられた学習をしてもらい、その際の集中度と、成績を測定します。

学習の内容は、スペイン語の単語を覚えるというもの。問題は3つの難易度で分けられています。簡単に覚えられるやさしい単語。難易度の高い難しい単語。そしてその中間の「なんとか頑張れば覚えられそうな範囲」の単語。

その結果、被験者たちがもっとも集中力を発揮して取り組んだのは、「なんとか頑張れば覚えられそうな範囲」でした。誰でも達成しやすい簡単な学習は、かえって集中力が湧いてこない、という結果だったのです。

また、成績との関係でも面白いことがわかりました。パフォーマンスの良かった被験者、つまり優秀な被験者は、簡単な学習のときほど集中力が低くなる傾向がありました。一方、パフォーマンスが悪かった被験者、つまりあまり優秀ではない被験者は、難しい学習のときほど集中力が低くなることがわかりました。

この結果からわかることは、こういうことです。**目標の設定は、高すぎても、低すぎてもダメ。少し頑張ればなんとか達成できるレベルが良い**、ということ。そしてそのレベルは、個人の能力によって異なるということです。要は、目標は小分けにする、小さな目標を立てる、といってもそうそう簡単ではない、ということです。

気軽な気持ちで「よし、〇〇を達成するぞ！」などと宣言して、あとは気合でなんとかするという根性主義は、科学的でもないし効率的でもありません。まず、自分の能力を見極めて、適正な目標設定をすることが確実に結果につながります。

とはいえ、どの辺りが適切なのか、そこが難しいんだよ、という人もいるでしょう。参考までに、1つ指標を示しましょう。

アメリカのハーバード大学の心理学者であったデイビッド・マクレランドは、達成確率60％ぐらいの目標がちょうど良い、としています。どうやって達成の確率を判断するのか不明ですが、感覚的には「**できるかできないか五分五分よりもちょっと上」ぐらいが目安**と考えておけばよいのではないでしょうか。

実現可能な目標の骨子を立てておく

目標を立てるとき基本的なフレームワークはいくつかありますが、中でも有名なものに「ＳＭＡＲＴ」の法則があります。

１９８１年に最初に提唱したのはコンサルタントであるジョージ・Ｔ・ドランですが、その後、さまざまな改良が加えられて、現在一般的に使われているのは次のようなものです。

Specific（具体的な）
Measurable（測定可能な）
Achievable（達成可能な）
Relevant（関連性のある）
Time-bound（期限を定めた）

この頭文字をとって「ＳＭＡＲＴ」。

Specific（具体的な）は、**目標は具体的に**、ということ。「新規契約を50件獲得する」というように、具体的に数値をあげるのはもちろんですが、いつまでに、どのような手段で、など、さらに具体的に5W1Hを補足しておくとよいでしょう。

Measurable（測定可能な）は、**目標を数値化すること**と同義です。「ブランド認知を高める」「顧客満足度を上げる」というような抽象的な目標でも、施策《しさく》の前後にアンケートなどの調査を実施すれば測定可能になります。

Achievable（達成可能な）は、前述したように、**達成が難しいような目標では意味がない**ということです。

Relevant（関連性のある）は、**なんのための目標設定かを明確にする**、ということ。たとえば「新規契約50件」であれば、顧客を増やしたいのか、売上を増やしたいのか、あるいは、収益を上げたいのか。最終目標との関連を明確にしておかないと、たとえば、新規契約50件は達成したけれども、大幅に値引きしたので利益が出なかった、ということになりかねません。

最後に、Time-bound（期限を定めた）。**達成期限はいつまでか**、期限を定めることが基本です。

このようなフレームワークを参考にして、実現可能な目標の骨組みをしっかりと立てておくと、より集中力を発揮しやすくなるといえるでしょう。

たとえば、ダイエットを例に取り上げてみると、次の通り。

Specific（具体的な）→毎朝のランニングと食事の改善で！
Measurable（測定可能な）→目指せ、10キロ減量！
Achievable（達成可能な）→10キロなら頑張れば達成できる！
Relevant（関連性のある）→着られなくなってしまった服を着たい！
Time-bound（期限を定めた）→今年の夏休みまでに！

このように書き出してみれば「さぁ、やるぞ！」という気になるのではないでしょうか。

小さなことでも達成したら肯定する

達成感を得るもう1つのコツは、**できなかったことではなく、できたことに目を向けること**です。

よく言われるのが、「コップの水」の話。

「コップに水が半分しかないと考えるか、半分も残っていると考えるか」言うまでもなく、どこに目をつけるかで物事の捉え方は180度違ったものになってしまいます。

30ページ想定の企画書のうち、「まだ3ページしかできていない」と考えるか、「よし、最初の3ページはできたぞ」と考えるか。これだけで気持ちはずいぶん変わります。

まだできていない27ページを想像して気を重くするよりは、3ページできたことを肯定的に捉えて自信を持つことで、その後の作業のモチベーションが違ってきます。

メンタルがパフォーマンスに影響を与える例として、スポーツを考えてみましょう。

これから大事な試合に臨むとき、たいていの選手は、成功したときのイメージを思い描き、頭の中で何度も繰り返します。そうやって自信を持ち、自分はできる！　と言い聞かせるのです。

失敗したときのイメージは、むしろ払拭《ふっしょく》するようにするのが普通です。仕事も同じです。小さなことでも自分が達成したことに目を向けて、自信を持つ。達成感を得る。それが、集中力につながっていくのです。

失敗の反省より、成功体験を活かす取り組みを

日本の組織の悪いクセの1つに、反省する、ということがあります。なにか失敗や不祥事、あるいは、目標の未達成などがあると、反省の目的でミーティングを開く、あるいは反省会と称して飲みに行く、ということを、どこの組織でもやっていないでしょうか。

確かに、振り返って検証することは大切です。うまくいかなかった原因を究明して、改善する。次回はもっとうまくやる、ということは大事なことです。

しかし、**反省は減点主義の延長になりがちです。マイナスだったところを洗い出して、ゼロにする。これではプラスになりません。**

モチベーションを維持する上で、一番いけないのは、反省するクセがついて

しまうことです。

反省ばかりしていると、過去のマイナス、ダメだったところ、うまくいかなかったことだけを探し出して、それについて考えている時間が長くなってしまいます。そうなると、達成感は得られず、どうしても気分が〝上がって〟いきません。

反省も大切ですが、それはほどほどにして、過去にうまくいったことを思い出し、検証することが大事です。

うまくいった要因は何だったのか、それがわかれば、次はもっと良い結果を出すためになにを強化すればいいのかがわかります。この〝うまくいった要因〟を横にスライドさせて、別の作業に応用できるかもしれません。

ダメだったことについて考えるより、そのような前向きのことを考えるほうが、気分がワクワクするはずです。そうすればドーパミンの作用で、より集中して取り組むことができます。

6章

前向きに取り組む「モチベーション」の上げ方とは

ルーティンを利用して〝仕事スイッチ〟を入れる

スポーツの世界では、有名なルーティンがいくつもあります。ラグビー元日本代表の五郎丸歩《あゆむ》の拝《おが》むポーズ。元メジャーリーガーのイチローのバットを立てる仕草。テニスのラファエル・ナダルは、2本のペットボトルから交互に水を飲み、ラベルをコートに向けて置く、などさまざまなルーティンを行なうことから、強迫神経症ではないか、と噂されたこともあります。

ルーティンとは、「一連の決まった動作」「日課」などという意味で、とりわけ集中力が必要なスポーツ選手にルーティンを行なうケースが多いのは、もちろん強迫神経症だからではなく、プレーの前にルーティンを行なうと、集中力が高まるからに他なりません。

たとえば、五郎丸のルーティンは、たんなるクセではなく、メンタルコーチとともに3年がかりで作り上げたものだそうです。

ルーティンによって集中力が高まるのは、いつもと同じ決まった動作をすることによって、雑念を振り払うことができるからで、ルーティンそのものに意味があるわけではありません。当たり前ですが、誰でも五郎丸ポーズをすれば、正確なキックが蹴れる、というわけではないのです。

ルーティン、それがなんであれ決まった動作をすれば、スポーツ選手でなくてもパフォーマンスが高まることを示す実験結果もあります。

とくにスポーツ選手ではない学生13人に、ルーティン動作をした場合としない場合、それぞれダーツ、計算または記憶の作業をしてもらい、結果を比較したところ、いずれもルーティン動作をした場合のほうが好成績になったそうです。

このルーティンは、**集中力を高めるために簡単に取り入れることができるテクニック**です。

ルーティン動作を継続すると仕事に集中するスイッチになる

たとえば、作業に取りかかる前に、デスクの上をきれいに片付ける。立ち上がってストレッチをする。あるいは自宅で作業するなら、キッチンに行って熱いコーヒーを淹《い》れる。ワーグナーを大音量で聴く、などでも良いでしょう。

なんでも良いので、**決まった動作をすることで、その間に余計な雑念を忘れて、すっと作業に入っていくことができます。**

さらに、これを続けていくと、今度はそれが条件反射となって、ルーティンを行なうだけで自然と集中状態に移行することができるようになります。

いわば、自分だけの儀式のようなもので、たとえばコーヒーの香りを嗅《か》ぐだけで、自然と頭が〝仕事モード〟に切り替わるようになるのです。

まずは自分がやりやすいルーティンを取り入れてみましょう。

なんのための仕事かを明確に！

現代のオフィスワーカーにとって、仕事に集中できない、ありがちな理由の1つが、「この作業にどんな意味があるんだろう」という疑念です。

なんのためにやっているのか、その趣旨《しゅし》がわかっていない。あるいは〝腹落ち〟していなかったら、誰だってモチベーションを上げることはできません。

眼鏡メーカーJINSが行なったある簡単な調査で、新人のデザイナーと中堅のデザイナーで、集中力を計測して比較しています。

すると、中堅デザイナーのほうが新人に比べて平均して2倍も集中力を発揮していたそうです。

これは、新人の場合、経験の浅さから、今やっている方向で正しいのかどうか、自信が持てなかったことが理由と分析されています。

興味深いのは、中堅デザイナーの1人が「デザインの目的がはっきりするまで、手を動かさなかった」とコメントしていることです。

今やっている作業がなんのためのものなのか、釈然《しゃくぜん》としないまま進めていても、集中して取り組むことができないし、効率も上がりません。

残念ながら、現代のオフィスワーカーにとって、こうしたことはよくありがちです。個人のスキルや理解力に問題はなくても、作業が細分化されていて、コミュニケーションがうまくいっていない場合、与えられたタスクがなんの役に立つものか、いまひとつ理解できないまま進めなければならない、ということが起こりがちなのです。

とくに、テレワークが多くなると、スタッフ同士のコミュニケーションが希《き》薄《はく》になり、リモートで説明されても感覚的には共有できていない、ということもあります。

つねに集中力を持って仕事に取り組むために、「これってなんのためなのか？」を意識すること。そして、納得するまでコミュニケーションを取ることが大切です。

面白いと思えるポイントを見つけよう

なんのための作業なのか、その目的を意識することで、より集中力は高まる、と書きましたが、世の中には、何度聞いてもなんのためなのかさっぱりわからないという作業もたくさんあります。仕事は多かれ少なかれチームで動かすもの、いろいろな価値観の人が関わることになります。大きな方向では同意しているけれど、細かなところのやり方については、意見が食い違うということもよくある話です。

趣旨とか意義がよく理解できていない、ということであれば、納得いくまでチーム内で話し合う、つまりはコミュニケーションで解決できるのですが、たいていの場合は「気持ちはわかるが、これはちょっと違うんじゃないか」くらいの感じではないでしょうか。そんなときは、なんとなくやる気が出ないものです。

そんな〝あまり腹落ちしていない〟仕事に、どうしても集中しなければいけないときにはどうしたらよいでしょうか。

人は面白い、楽しいと思うものには簡単に集中できますが、そうではないものにはなかなか集中できません。これは気分の問題ではなく、脳内から出る物質の問題です。面白い、と思うと脳内にドーパミンが分泌《ぶんぴつ》されて、集中力が高まるのです。

だから、これから取り組もうとする作業の中の、面白くないところはとりあえず置いておいて、面白そうなところを見つけて、そちらに意識を向けるようにしましょう。ここは脳内物質を分泌させるためと割り切るのです。たとえば、資料を作成するような類いの作業であれば、書体やレイアウトに配慮して、いかにきれいでわかりやすい資料にまとめるか工夫してみる。あるいは、いかに効率良く、いかに早く仕上げることができるかに集中する。

作業の〝中身〟が「面白い！」と思わせてくれないのなら、作業の〝やり方〟を面白がることで脳を騙《だま》して、ドーパミンを分泌させる、それも、集中力を高める技術の1つです。

興味がもてない仕事はタイムトライアルにする

なかなか興味が持てないものから、面白いと思える側面を見つけて目を向ける。そんなふうに簡単に言われても、それが難しいんだよ、という人もいるでしょう。

そんな人は、とりあえずタイムトライアルを試してみてください。作業を始める前に制限時間を決めて、その時間内に完了するように集中してみるのです。

制限時間は、たとえば「今日中に」というような長時間かつ曖昧なものではなく「きっかり1時間」「今3時15分だから4時までに」というように、途中で休憩を挟《はさ》まない程度の短時間が理想的です。あるいは、後述するポモドーロテクニック（141ページ参照）を使って「25分間」を1つのピリオドと設定してもよいでしょう。

大きな作業であれば、いくつかに区切って、ここまでを1時間きっかりで終わらせる、というような枷《かせ》を自分に課すわけです。

時間を区切れば、集中力を発揮しやすくなります。とりあえず、今だけ頑張って集中しよう、と自分を鼓舞《こぶ》することができます。これは、集中力を発揮する練習になるでしょう。

そして、制限時間内に完了できれば、ゲームク

仕事をタイムトライアルにすることで集中力が鍛えられる！

リアです。達成感が得られるはずです。ドーパミンが出て、それが脳のご褒美になって、次の〝ピリオド〟の集中力につながっていきます。

言ってみれば、作業をタイムトライアルのゲームにしてしまおう、という方法ですが、ゲーム感覚でモチベーションが上がるだけでなく、もっと別な効果も期待できます。

まず、自分の能力がだいたいどのくらいなのか、見積もれるということ。たとえば、この程度の作業であれば、集中すれば30分で完了することができる、というように、自分の能力を客観的に把握することができます。

そうすれば、いつもだいたいの所要時間を計算しながら仕事ができますし、もしも今までにないボリュームの仕事が回ってきたときも、30分でこれくらいだから、今週毎日3時間ずつ取り組めば、必ず終わるはずだ、などと冷静に見積もることができます。そうすれば「できなかったらどうしよう」などとパニックにならずに済むはずです。

それに、ゲームというものは、クリアすればレベルが上がっていくものです。30分の課題をクリアできたら、次は同じ量で25分を目指してみる、あるいは、

30分でこなす作業の量を増やしてみる、そうやって集中力を〝鍛えていく〟ことができます。この、あくまでゲーム感覚で、ということが集中力を上げていくためには大事な要素です。

苦手な仕事は、まず手を動かすこと！

最初はあまりやる気がなかった作業でも、やっているうちにだんだん気分がノッてきて、後半は思いのほか、はかどってしまった。というような体験をしたことはないでしょうか。

年末の大掃除に駆り出され、最初はぐずっていたけど最後は汗をかいてやっていたとか、受験勉強のとき、英単語を暗記するのが面倒でしかたなかったが、やっているうちにスイッチが入ってスイスイ進むようになったとか……。

こうした現象を「作業興奮」といいます。

人は、頭や手足を動かすと、脳の側坐核《そくざかく》という神経細胞が集まった部位が刺激され、ドーパミンが分泌されます。本書でも何度も言及しているように、ド

ーパミンが分泌されると、やる気が出て集中力がグングン上がっていく。これが作業興奮です。

作業興奮を発見したのは、ドイツの著名な心理学者クレペリンだと言われています。クレペリンは、単純な足し算をただただ繰り返させることで、その人の作業性、正確性などを判断する、「クレペリン検査」で知られています。

この作業興奮を、毎日の作業に取り入れてみましょう。

目の前に面倒な作業があって、考えるだけで気分が萎《な》えてしまう。そんなときも、まず始めてみる。手を付けてみる。

今日はなんだか気乗りがしない。そんなときも、まずとにかくパソコンを立ち上げて、作業を始めてみるのです。

側坐核は、頭や手足を動かすことで刺激されます。

これから面倒な報告書を書かなければならないのだけれど、やる気が出ないので、手が付けられていない。そんなときは、まず、頭や手を動かしてみる。なんでもいいから、最初の1行から書き始めてみるのです。どうしても思い浮かばなかったら、それらしい文例を適当に見つけてきて、そのまま書き写してみる。それでも、なにも進まないよりはましでしょう。そうするうちに、脳内にドーパミンが分泌されてきて、次第に調子が上がってくるはずです。

あるいは、気分転換も兼ねてストレッチでもしてみるのもいいかもしれません。手足の筋肉を動かすだけでもよいのです。

どんな作業でも、最初から集中力が１００％発揮されることは稀《まれ》でしょう。**集中できないから始められない、ではなく、集中できなくても始めてみる。始めてみることで集中力が高まってくる、と発想を切り替えましょう。**

ネガティブワードは集中を妨げる原因に

「今日はなんだかやる気がわかない」

「この仕事、うまくいかない気がする」

などと、なんでもネガティブに考えていると、集中力を欠く結果になってしまいます。

ある研究によれば、朝起きたときに「今日はなんだか大変な1日になりそうな気がする」などとネガティブなことを考えると、脳のワーキングメモリーのパフォーマンスが低下する、と報告されています。

ワーキングメモリーとは、前述した通り（28ページ参照）、脳の前頭前野の働きの1つで、作業中に必要な情報を一時的に保持しておく機能です。たとえば、会話をするときに、直前の相手の話の内容を憶えていることで、それについて考え、答えを返すことができます。

ワーキングメモリーのパフォーマンス低下は、すべての作業のパフォーマンスの低下につながります。その結果、「やっぱり思った通り、うまくいかない」とネガティブ思考の悪循環に陥《おちい》ってしまいます。

また、作業中にネガティブ思考にハマってしまうと、いわゆる〝雑念〟で頭がいっぱいになります。「もしこれがダメだったらどうしよう」「こうなったらどうしよう」という心配事で頭がいっぱいになり、〝心配のマルチタスク状態〟に陥ってしまいます。そうなると、本来考えるべき「目の前の作業を前に進めること」に意識を集中できなくなってしまい、「やっぱりうまくいかなかった」となってしまうのです。

ネガティブ思考をやめるためには、まず、ネガティブな言葉を口にしないことです。

「できない」「気が進まない」「失敗する」「これはダメだ」「うまくいかない」

こうした言葉を口にすると、どうしてもネガティブな感情が増幅されてしまいます。

「大丈夫」「きっとできる」「ぜったいにうまくいく」

などの、ポジティブな言葉を口癖にするように心掛けましょう。

また、物事のポジティブな側面に目を向けるようにする習慣も大切です。

スポーツでも、大切な試合で負けたチームの主将が「これで課題が明らかになった。次の試合では修正して臨みたい」というコメントを必ず言います。

試合で勝てなかった、というネガティブな事実の中から、「課題が見えた」というポジティブな側面にあえて目を向けることで、次の試合へのモチベーションを高めているわけです。

ポジティブ思考を意識的に取り組むために、たとえば、「ネガポ辞典」のようなアプリをダウンロードしてみるのも良いかもしれません。

これは、高校生のアイデアから生まれたもので、ネガティブな言葉をポジティブな言葉に言い換える文例集です。

たとえば、「愛想《あいそ》が悪い」は「媚《こび》を売らない」、「反対意見」は「新しい考え方」、「バイトをクビになる」は「友達と遊べる」という具合です。

こうした言い換えを見ているだけで、ネガティブな気分がポジティブに変換されるような気がします。

ネガティブ思考も、時には有効?!

ネガティブ思考はNGといっても、100%ポジティブな人はいないでしょう。もしいるとしたら、それはただの能天気ということです。

アメリカのノースカロライナ大学の心理学者バーバラ・フレドリクソンは、ポジティブな感情とネガティブな感情の比が3：1のときに、人はもっとも幸福を感じると言っています。

3：1という数字が妥当《だとう》かどうかはひとまず置いておくとしても、ネガティブな感情もまったく無駄なわけではないということです。

人格心理学者のジュリー・K・ノレムは、人、あるいは状況によっては、ネガティブだからこそうまくいく場合があると言っています。

ノルムは、いつも悲観的な考え方をしがちな人たちを被験者にして、こんな実験をしました。

3つの異なる心理状態で、ダーツを投げてもらいます。

A：投げる前に、音楽を聴いてリラックスしてもらう

B：投げる前に、ダーツがど真ん中に命中するシーンをイメージしてもらう

C：投げる前に、ダーツが的外れな方向に飛んでいってしまうシーンをイメージしてもらう

その結果、もっとも命中率が高かったのはCのときで、他の場合よりも30％も高く、好成績だったそうです。

この現象を、ノレムは「防衛的悲観」という考え方で説明しています。

なにかをするときに、始める前から、起こりうる悪いことを想像してしまう、それが防衛的悲観です。しかし、そのことによって不安な感情をコントロールし、集中して取り組むことができるようになります。

ということは、どうやら人間が集中力を上げるためには、2つのタイプがありそうです。

1つは、つねにうまくいった場合のことを考えて自分を鼓舞《こぶ》する場合。これを「戦略的楽観主義」といいます。

もう1つは、つねに悪いほうの可能性を考えて、そうならないように努力する場合。これが「防衛的悲観主義」です。

どちらのほうが、良い結果が出せるということはないので、自分に合った方法でやってみるのが良いでしょう。もともと悲観的な人が、無理に楽観的に考

時にはネガティブ思考が
集中力を高めることもある

えようとしたり、あるいはその逆であったり、自分に合わない思考方法を取ると、良い結果にはなりません。

ポジティブ思考／ネガティブ思考については、さまざまな研究がありますが、**基本はポジティブ思考でいく。ネガティブワードを封印する。ただし、人によっては防衛的悲観をうまく活かしていけば良い**、と考えてください。

セルフトークで仕事への意欲を高める

テニスの大坂なおみ選手は、試合中に「大丈夫、自分はできる！」と何度も自分に言い聞かせているそうです。大坂選手は、課題だといわれたメンタルを強くすることで、世界のトップに立つことができました。

大坂選手がメンタルを強化するために取った方法が「自分に言い聞かせる」ことだけだったわけではありませんが、この方法が実際にメンタルを強くして、試合中の集中力を維持することに役立ったことは間違いないでしょう。

実際に、セルフトーク（自分に言い聞かせること、時には声に出して言うこと）

は効果がある、という研究結果があります。

ギリシャのテッサリア大学が2011年、それまでにセルフトークについての32の先行研究を改めて検証し、分析した論文を発表しました(この手法をメタ分析といいます)。

その結果、セルフトークには確かに効果がある、と確認されました。そしてその効果は「0・43」だそうです。

この0・43という数値は、いったいどの程度のものかと言うと、「ずば抜けて高くはないが、日常生活において実践する価値はあるレベル」だということです。

セルフトークには、2つのやり方があります。

1つは「意欲的セルフトーク」。

「私はできる!」「大丈夫、なんとかなる!」「気合だ!」のように、ポジティブな言葉で自分を鼓舞するセルフトークです。

もう1つは「指示的セルフトーク」。

「落ち着け、頭を冷やして考えろ!」「しっかり狙っていけ!」というように、自分に指示を出すセルフトークです。指示を出しているのは自分なので、要は、今なにをすべきかを考えて言葉にしているわけです。

2つのセルフトークには、それぞれ効果がありますが、**集中力を高めるためにより効果があったのは、後者の指示的セルフトーク**でした。

人間、窮地《きゅうち》に陥ったとき、やってもやっても前に進まないときは、思考停止してしまいがちです。「ダメだ」と思ったら、そのことで頭がいっぱいになり、脳が膠着《こうちゃく》状態になってしまうわけです。これは集中力が切れた状態です。

そんなとき、もう1人の自分から、どうすべきか指示を出してあげることで、思考停止状態から抜け出せるように、背中を押してあげるわけです。

もしも、明日の会議に提案するはずのプランがまとまらないなら、

「できない原因はなんだ？」

「もう一度原点に戻って考えてみろ！」

「この手がダメなら、なにか別のルートはないのか！」

というように心の中で言い聞かせてみる。あるいは、実際に声に出して言ってみる。すると集中力が高まります。

自分を鼓舞する意欲的セルフトークのほうが、いっけん集中力が高まりそうな印象を受けますが、そうとも言い切れません。瞬間的に集中力が高まるのですが、その後すぐに落ちてしまうのです。

一瞬のスポーツ、たとえば走り高跳びやウェイトリフティングのようなものなら効果を発揮しそうですが、長く持続することはできません。

上手に使い分けて、最初の一瞬だけ、「頑張れ、俺！」と意欲的セルフトークで気合を入れ、その後は指示的セルフトークで集中力を維持できたら、セルフトークの上級者と言えるでしょう。

意識も集中力も「朱に交われば赤くなる」

同調圧力という言葉は、たいていはあまり良くない意味で使われますが、この同調圧力が、時には集中力を高めるために役に立つ場合もあります。

アメリカの経営学誌『ハーバード・ビジネス・レビュー』は、オフィスでの生産性は、隣の席に誰が座るかによって変わると報告しています。

平均的なパフォーマンスの社員の代わりに、**生産性が2倍あるハイパフォーマンスな社員を座らせると、周囲の社員の生産性が10%も上がった**というのです。

よく言えば、デキる社員に〝インスパイア〟された、ということですが、別の言い方をすれば、隣でバリバリ仕事をされては、こちらもサボっているわけにはいかない。いわば同調圧力効果とも言えるでしょう。

この**同調圧力をあえて利用するために、自分から集中力の高い社員に近付いてみてはどうでしょうか。**

フリーアドレスの職場であれば、できるだけ隣の席で仕事をするようにする。自分のデスクが決まっているなら、席替えでもしない限り、隣で仕

まわりにデキる人がいると
自分のパフォーマンスも上がる！

事をするのは難しいので、せめて社食で隣に座って仲良くなってみる、という方法もあります。

「朱《しゅ》に交われば赤くなる」と昔の人の言う通り、仲間がバリバリと集中力高めで仕事をするタイプなら、自然と影響を受けるはずです。

一方で、職場では人間関係に気を付けないと、自分と同じような〝生活態度〟の社員と自然と仲が良くなりがちです。

今日はなんとなく早く仕事を切り上げたい気分だな、と思っていると、なぜか向こうから、「ちょっと、行きますか?」などとお誘いがかかったりするものです。

日頃から、意図的にワンランク意識レベルの高い人たちと仲良くしておくと、自然と集中力を上げる習慣が身に付きます。

社内の人間関係を利用しなくても、最近は時間単位で利用できるコワーキングスペースなどもあるので、利用してみるのもお勧めです。

そのような場所では、誰もが料金を払って利用しているので、集中して仕事をしています。雑談している人はほとんどいません。

そうした環境にあえて身を置くことで、自然と集中して仕事に取り組むことができるようになるはずです。

決まりきった仕事の中で、やる気を上げるには？

ルーティンという言葉は、もともと「決まり切った工程」の意味ですが、仕事自体がルーティンになってしまうと、どうしても集中力を保ちにくくなります。

しかし、そうは言っても、大切で欠かすことのできないルーティンワークというものもあるのです。

たとえば、毎日毎日同じものを作り続ける仕事、書類や手続きにミスはないかチェックする仕事、ほとんど変化のないデータを集める仕事などなど。

こうした、集中力を保ちにくい仕事では、その仕事が最終的にどんなところにつながっているのか、想像してみましょう。

たとえば、伝票通りに店舗に商品を納入する流通の仕事、届けられた商品は納入して終わりではなく、店頭に並べられ、最終的にお客様の手に渡って、お客様を喜ばせているはずです。

お客様が商品を手に取っているシーンをイメージする、お客様の笑顔をイメージすることが集中力アップにつながります。

たとえば、飛行機の整備士は実際にお客様と接する機会はありません。しかし整備の際は、搭乗するお客様をイメージしながら作業しているそうです。万が一にもミスがあってはいけない、高度な集中力が要求される作業だからです。

これは、ルーティン作業に限ったことではありません。

どんな仕事でも、最終的には社会と関わり、なんらかの役に立っているはずです。そのシーンをイメージすることが「やりがい」につながります。**やりがいを感じる仕事は、誰でも集中力が湧《わ》くもの**です。

やっている仕事の目的がわからなくなってモチベーションが下がりそうになったら、この仕事は最終的にどこにつながっているのか、目的はなんだろうか、どんなお客様に届くのだろうか、それをなるべく具体的にイメージすることが、集中力を高める役に立つはずです。

7章

集中力をキープする「気分転換」の方法とは

人間の集中力は90分間が上限

そもそも人間の集中力はどのくらい持続するものなのか。これにはさまざまな研究成果があって、明確な答えは出ていません。というよりも、集中力の持続時間を正確に測ること自体が無理な話です。

2015年にマイクロソフト社が発表したレポートでは、人間の集中力の持続時間はわずか8秒だそうです。

「約2000人の脳波を測定した結果、人間の集中力は平均で8秒しか持続しない。これは金魚の9秒を下回る。ちなみに2000年には12秒だった」というのがその内容。

この話は国内外のメディアで取り上げられて話題になりましたが、信ぴょう性については「?」がつきそうです。

マイクロソフトが発表したのは事実ですが、一次情報ではなく、引用元をたどっても確かな情報源にたどり着けないため、今では都市伝説のようなものと考えられます。この結果が事実なら、そもそも金魚の脳波をどうやって測ったのか。そちらのほうが気になります。

一般的に、**集中力の持続時間は最長で90分**といわれています。大学の講義が1コマ90分に設定されているのも、それが根拠となっています。

この1コマ90分という目安は、仕事にも活かすことができます。

1つの作業を90分続けたら、それ以上は集中力が続かず効率がガクッと落ちるので、いったん90分で打ち切る。

会議や打ち合わせは90分以内に終わらせるようにする。話がまとまらずに長引いてしまったときは、90分でいったん区切ってコーヒーブレイクを入れる、などなど。

スケジュールをたてるときに、1時間単位ではなく、あらかじめ1コマ90分を意識して考えるようにすると便利です。

1コマ90分を意識したら、今度はその中でどう時間配分して集中力を最大にするかを考えましょう。

ベネッセコーポレーションと東京大学教授の池谷《いけがや》裕《ゆう》二《じ》が行なった興味深い実

証実験があります。

中学1年生の被験者を3つのグループに分けて、それぞれ未習英単語を覚えるという学習をしてもらいます。


グループAは、60分間学習します。

グループBは、45分間学習します。

グループCは、15分の学習を3回、計45分学習します。その間7分30秒の休憩を挟《はさ》みます。


その結果、学習の時間はAがもっとも長いにもかかわらず、もっとも良い成果が出たのは、Cの「15分ごとに休憩をとったグループ」だったそうです。

また、集中力に関与している前頭葉のガンマ線を測定したところ、AとBのグループでは40分以降に急激に低下している一方、Cのグループは休憩中にガンマ線の絶対値が上昇していることがわかりました。

ここからわかることは、**集中力を最大に発揮したいなら、15分ごとに休憩を**

とりながら作業するのが効果的ということです。

集中力を維持できる時間配分テクニック

前述の実証実験は中学生を対象にしたものでしたが、ビジネスの世界では「ポモドーロテクニック」というメソッドがよく知られています。

これは、イタリアの起業家フランチェスコ・シリロという人が考案した、仕事の集中するための時間管理術で、その内容はごくシンプル。

①達成しようとしているタスク（作業）を選ぶ
②25分作業をしたら5分休む、これを1ポモドーロとする
③4ポモドーロ（25分作業＋5分休憩を4セット）で30分の休憩をとる

これが、作家でもあったシリロが、自らの経験から導き出した「もっとも仕事に集中できる時間配分」とのこと。ちなみに「ポモドーロ」とはイタリア語でトマトのことで、シリロが使っていたキッチンタイマーがトマト形だったことに由来しています。

これはたんに「定期的に休憩をとる」ことだけが目的ではなく、時間を区切ることで個々の作業を集中して終わらせることも目指しています。

1ポモドーロが作業25分＋休憩5分と決まっていれば、たとえば、「請求書の整理は頑張って1ポモドーロ、休憩が来る前に終わらせてしまおう」とか、「プレゼン用の資料作成は2ポモドーロで仕上げよう」というように努力目標が設定しやすく、しかも、定期的に休憩を入れることで疲れを回復することができるので、集中力を維持しながら作業を進めることができます。

いちいち時計をチェックしながら作業するのは面倒だという人には、セットして25分経《た》ったらお知らせしてくれる、ポモドーロテクニック用のスマートフォン／パソコンアプリが無料で手に入り

「ポモドーロ」と時間を区切ることで目標の設定がしやすくなる

ます。

また、アプリをインストールしなくてもウェブ上で使用できる「Pomodoro Tracker」などのツールもあるので、ポモドーロテクニックをちょっとだけ試してみたい、という人にはお勧めです。

細かな〝息抜き〟で仕事の質をキープ

今説明したポモドーロテクニックのように、あえて決まった時間に休憩をとるというシステマチックなやり方はかえってやりにくい、という人もいるかもしれません。

そういう人は、「マイクロブレイク」を意識してとることをお勧めします。

マイクロブレイクとは、昼休みなどの決まった休憩時間とは別にとる、数十秒から5分程度の軽い休憩のことです。

アメリカのノースカロライナ州立大学のソフィア・チョウらが、アメリカと韓国のフルタイム労働者の働き方を調査したところ、睡眠不足などで十分に体を休めることができなかった人は、仕事の合間に同僚と雑談をしたり、スナックを食べたりする「マイクロブレイク」を頻繁にとっていることがわかりました。

そしてこのマイクロブレイクをとることで集中力を維持し、仕事のパフォーマンスを高めていたことがわかったのです。

このマイクロブレイクを、**意識して取り入れることで、集中力を維持するために役立てることができます。**

たとえば、抱えている仕事の締め切りが迫っているとき、無理やり集中しようとして休まずに作業を続けるよりも、時々手を休めて雑談をしたり、スナックに手を伸ばしたりして軽い休憩をとりながらのほうが、かえって作業がはかどるということです。

要は、疲れているときは無理に頑張ろうとせず、適度に休憩を挟みながら進めたほうが良い結果が出る、という経験則的に当たり前のことが、調査によって証明されたことになります。

ちなみに、もっとも効果的なのは、「適切なタイミングでとる、5分間の休憩」だということです。

どうしても休憩がとれないときの対処法

マイクロブレイクをとりたくても、とれない。そういう状況もあります。

たとえば会議や打ち合わせ中に話が煮詰まった場合。周囲はみんな真剣に仕事をしていて雑談したりスナックを食べたりできる状況ではないという場合。

あるいは、込み入った資料を読み込んでもう少しで企画がまとまりそうなのに、頭が疲れたのでちょっと休憩したい、でも今休憩したらせっかく高いレベルに維持している集中力が途切れてしまいそう……などという場合。

そんなときは、目線を移す、というテクニックがあります。今までじっと見ていたものから目線を移して、別のものを見るようにするのです。

たとえば、会議中に窓の外に目をやる、デスクで煮詰まったら顔を上げて天井を見る。これだけのことでも**目から入ってくる情報は大きく変わりますから、脳に新鮮な刺激を与えることができます。**

なおかつ、すでに思考を始めている頭の中の状態はこの程度のことではリセットされません。

思考を止めることなく、頭の中をリフレッシュすることができます。

パフォーマンスを高める、休憩のとり方とは？

休憩のとり方にも、良いタイミングと、悪いタイミングがあります。

良いタイミングとは、集中力がまだギリギリ残っているうちに、あるいは、切れた、と思った瞬間にとる。これが、良いタイミングです。

集中力が完全に切れてしまうと、作業は思うように進みません。それでも、締め切りまでに仕上げなければいけないからと無理に続けていると、ペースが落ちてきて、最後はだらだらと惰性《だせい》で続けているような状態になります。

こうなってから休憩をとっても、ただ「疲れた」「しんどい」と思うだけで、思うようなリフレッシュ効果は得られません。

まだ余力が残っているうちに休憩をとろうとすると、「よし、ここまでよく頑張った」と達成感を得ることができます。

この達成感がポイントです。なんども言うようですが、達成感を得ると、脳内でドーパミンが分《ぶん》泌《ぴつ》されます。このドーパミンが幸福感をもたらし、集中力を高めます。

だから「よし、頑張った」と言えるタイミングで休憩をとることが重要なのです。

休憩に入ったら、今までやってきた仕事を振り返ります。すでに仕上げた分の書類をプリントアウトしてみるのもよいでしょう。

それを見て「ここまでできたぞ」と実感することで、いいリフレッシュができるはずです。

締め切りがある仕事、作業量が多い仕事では、つい先を見てしまいがちです。そして「まだ、こんなに残っている」と溜《た》め息をついてしまいがち

集中力が完全に切れた状態で
休憩してもうまくリフレッシュできない

です。

そんなときは、前述したように、成果を先に確認するようにしましょう。そのあとで、残りの作業量を確認します。

今までこれだけやってきた、まだこれだけ残っているけど、ちょっとペースアップすれば大丈夫、と自分に言い聞かせるのです。

そこでドーパミンをフル充電して、「さて、もうひと頑張り！」と勢いよく腰をあげましょう。

散歩はリフレッシュに最適の運動！

趣味は？　と聞かれて「散歩」と答える人がいます。悠々自適《ゆうゆうじてき》の自由人なのか、それともよほどの暇人なのかと思うでしょう。

でも、散歩をうまく習慣に取り入れれば、仕事の効率を高めることもできます。それはセロトニンの効果によるものです。

前述したように、**セロトニンは、覚醒、気分、意欲などと関連した脳内物質**

です。ドーパミンのようにやる気や元気が出る、というよりは、気分が良くなってシャキッとするという作用があります。それによって、意欲が高まり、さぁ、やるぞ、という気分になるのです。

セロトニンの分泌は、自然光を浴びたり、リズム運動をしたりすることで、促されます。つまり、**散歩は、セロトニンの分泌を促すのに適した習慣**なのです。

デスクで作業に集中していると、どうにも煮詰まって先に進まなくなるときがあります。そんなときは散歩をしてリフレッシュするのが効果的です。

締め切りが迫っていて時間がない、という場合でも、ちょっと30分ぐらいの休憩をとることは可能でしょう。

そんなときはデスクから離れて、オフィスの外に出て、ちょっと歩いてみると良いのです。

デスクでの緊張感から解放されるという効果もありますし、見える景色が変わって気分が変わるという効果もあります。

その上、セロトニンが出て、気分が覚醒します。

デンマークの哲学者キルケゴールは、散歩を習慣にしていたそうです。午前中は執筆に専念し、昼になると住んでいる市内を歩いて回ります。散歩から戻ると、また執筆に戻り、夜まで続けたそうです。

散歩の最中に重要なアイデアが浮かぶことも多く、散歩から戻ったらステッキを置く間もなく、立ったまま書き始めることもあったとか。きっとセロトニンの効果でしょう。

散歩で気分をリフレッシュしたあとは、デスクワークもはかどるはず。締め切りが迫って苦しい時ほど、あえて散歩を取り入れてみる価値はあるのではないでしょうか。

緊張感が足りないときは、シャワーを浴びよう

テレワークならではのリフレッシュ法に、シャワーがあります。

映画監督のウディ・アレンは、ストーリーを考えるときに、しばしばシャワーを浴《あ》びるそうです。アレンによれば、とにかくちょっとした変化が刺激になる。部屋を移動するだけでも刺激になる。シャワーを浴びるとさらに刺激にな

るのだとか。創作に頭を集中させるときは、部屋の中をウロウロしながら、時々シャワーを浴びたりして、考え続けるそうです。

また、サッカー元日本代表の遠藤保仁《やすひと》は、試合の前半が終わるとすぐにシャワールームに直行してシャワーを浴びるのがルーティンだとか。シャワーでシャキッとした頭で監督の指示を聞き、後半に向けて集中力を高めていくそうです。

シャワーを浴びることは、交感神経を刺激する良い方法です。

私たちの体の状態は、自律神経によって調整されています。自律神経には、交感神経と副交感神経とがあり、交感神経がアクセル、副交感神経がブレーキの役割を担《にな》っています。交感神経が優位になると、血管が収縮《しゅうしゅく》し、血圧が上がります。心

気持ちがのらないときにシャワーを浴びれば、心身が引き締まる！

拍が速くなり、筋肉が緊張します。心身が、緊張・興奮している状態です。

反対に、副交感神経が優位になると、血管が拡張《かくちょう》し、血圧が下がります。また、心拍がゆっくりになり、筋肉が弛緩《しかん》します。つまり、心身がリラックスしている状態です。

テレワークなどで、どうも緊張感がない、気合が入らない、という精神状態の時は、副交感神経が優位になっている状態です。交感神経にスイッチが入っていないのです。

そんなときに、熱いシャワーを浴びると交感神経が刺激され、心身ともにシャキッとするのです。

ちなみに、たびたび述べている「朝、自然光（太陽の光）を浴びる」という習慣も、交感神経を刺激することにつながっています。

自然光を浴びることで分泌されたセロトニンは、自律神経を整え、交感神経と副交感神経の切り替えをスムーズにする働きをします。その結果、交感神経にスイッチが入り、スッキリと目覚めることができるというわけです。

朝は、自然光を浴びてスッキリと目覚める。日中、意識をシャキッとしたいときにはシャワーを浴びる。これで交感神経を味方につけることができます。

気持ちが張りすぎているときは、深呼吸で整える

交感神経と副交感神経は、アクセルとブレーキのようなものだと述べましたが、この両方が適切なバランスで調整されることで、人間の活動はうまく回っていきます。

日中は、活動するために交感神経がアクセルを踏み、夜はリラックスするために副交感神経がブレーキを踏みます。このバランスが大切です。

いくら仕事に集中したいからといっても、**交感神経が優位になりすぎると、逆効果**になってしまいます。

ストレスの多い生活は、交感神経を必要以上に刺激します。なぜかイライラして集中できない。締め切りが迫ると気持ちが焦《あせ》って集中できない。いくつもの仕事を抱えてパニックになりそうだ。これは、交感神経が優位になりすぎている状態です。

このようなときには、副交感神経を刺激してリラックスすることが、目の前の作業に集中するために役立ちます。

なんだかイライラしているな、と自分の中で感じたら、まず深呼吸をしてみましょう。

深呼吸は、副交感神経を刺激する手軽な方法の1つです。

深呼吸では、息を思い切り吸い込むことに意識がいきがちですが、じつは、大事なのは息を吐くときです。深く吸い込んだ息を、10秒以上かけて、ゆっくりと吐き出していきましょう。

これを数回繰り返すと、気分が落ち着いて集中力が戻ってくるのがわかるでしょう。

深呼吸の他にも、副交感神経を刺激する方法はいくつかあります。

たとえば、水を飲む。**水を飲んで胃腸を刺激することでも、副交感神経の働きを高めることができます。**普段から1日1~2リットルの水を飲むことを習慣にするとよいでしょう。

また、**顔の筋肉を動かすことでもリラックスできます。**緊張すると、顔の筋肉がこわばった状態になりがちです。そんなとき、顔をクシャッとさせて筋肉をほぐしてみると、副交感神経が活発になります。その際、背筋を伸ばしてやや上を向くようにすると、呼吸が深くなって効果が高まります。

「雑談」が仕事の生産性を高めていた?!

今まで当たり前に思っていたのに、なくしてみると改めて価値がわかる、というものがあります。「雑談」もその1つです。コロナ禍《か》でテレワークが多くなり、「雑談」が少なくなりました。これが自宅で集中できない原因の1つになっているかもしれません。

オフィスで同僚と机を並べて仕事をしているときには、時々雑談をしていたはずです。仕事とは関係のない話題や、ネットニュースで見た小さな事件、SNSで話題の動画、芸能人のゴシップ、オフィスの近くにできた新しい飲食店、なにも話題がないときは、「今日はなんだか暑いですね」などと〝なんでもない話〟をする。

じつはそれが、集中力を維持するために役立っていたのです。

水泳でも息継《いきつ》ぎなしで長い距離を泳ぎ続けることはできないように、仕事途中に、集中力を切れ目なしに維持し続けることは困難です。適度な〝息継ぎ〟が必要です。

集中に疲れたら、ちょっと雑談をして緊張を解くことで、消耗《しょうもう》から回復する。また集中して疲れたら、また雑談をして、回復する。そういうリズムが自然とできている環境が、もっとも仕事がはかどる環境だと言えます。

日立製作所でビッグデータ解析を行なう矢野和男《やのかずお》がこんな調査をしています。生産性の高いコールセンターと、そうでないコールセンターを、さまざまな指標で比較したところ、大方の予想に反して、雑談の多いコールセンターほど生産性が高い、という結果が出たそうです。

雑談が集中力を向上させ、生産性を高めることが、データ的にも証明されたわけです。

雑談が集中力を高める。もしも、オフィスで仕事をしているのなら、このことを意識しているだけで効果に差が出るでしょう。

雑談と仕事の話を上手に使い分けて、緊張をコントロールすることができますし、不必要に雑談を続けて〝油を売る〟ことも少なくなるはずです。

では、在宅ワークのときにはどうした良いでしょうか。

最近は、雑談ができるバーチャルオフィス環境を提供するツールもあるので、こうしたものを導入するよう、会社に提案してみるのもよいかもしれません。

あるいは、チャットツールでカジュアルな雑談用のスレッドを作るのも効果的です。いつも仕事の連絡に使っているツールで、とくに目的のないスレッドを立ててみる。「今日、なんだか暑くないですか？」でもなんでもいいので、話を始めてみれば雑談モードになるはずです。

また、ビデオ会議用ツールで、時間を決めて雑談の機会を作るという方法もあります。たとえば、昼休みやコーヒーブレイクなどにミーティングを設定して、〝顔を見る〟だけのためにつないでおく。そして、コーヒーでも飲みながら、「そう言えば、昨日こんなことが……」などと他愛のない話をしてみるのもいいでしょう。

リアルに対面しているときのようにはいかないかもしれませんが、うまく気分転換に利用すれば、テレワークでも集中力を維持するのに役立つはずです。

マイナス感情を自覚する、ストレス対処法

日常的に感じるストレスに対処するための方法の1つに、「インターベンション・ブレスレット」というものがあります。

アメリカのテキサス大学が考案した方法で、やり方は簡単。ストレスを感じたら、身に着けているブレスレットを反対の手に着け替える、それだけです。ブレスレットでなくても、腕時計でも指輪でもなんでも良いのです。普段はなにも着けていない、という人は、輪ゴムでもなんでも良いので、身近なもので試してください。

ストレスを感じたり、イラついたり、自分を責めるようなマイナスな感情が湧《わ》いていると感じたら、手に着けたものを、反対に移す。また、同じように感じたら、また反対に移す、これを何度も繰り返します。

こんな〝おまじない〟のようなことでストレスが解消できるのか、と疑問に

思うかもしれませんが、検証の結果、多くの被験者にストレスへの自覚が芽生《めば》え、慢性的な不快感も減少したのです。さらに自尊心の向上も確認できたと報告しています。

そのメカニズムはいくつか考えられますが、1つは「メタ認知」。「今、わたしはストレスを感じている」ということを自覚することで、自分の感情や状態を客観的に眺《なが》める視点を持つことができる、ということ。これを、メタ認知といいます。

自分を客観的に見ることで、自分の感情に気付くことができます。そして、こうしたマイナスの感情は、気付くことで軽減されることも多いのです。

また、ブレスレットを着け替えるという具体的な行動を伴うことで、自ら手を動かしてこの感情に対処した、という自己効力感が生まれます。それにより、マイナス感情が軽減されるという効果が期待できます。

いずれにせよ、誰にでもできる簡単な方法なので、ホントかな？　と思った人は、やってみて確かめてみるといいでしょう。

この「インターベンション・ブレスレット」は、ストレスに対処するための方法として考案されたものです。

私たちが、目の前の作業にうまく集中できなくてイライラしているとき、仕事中についSNSに深入りしてしまう自分のダメさ加減に嫌気がさしているとき、そんなときは、ストレスを感じている状態です。簡単な方法ですが、案外思わぬ効果を発揮するかもしれません。

ストレスを追い出す「フォアヘッド・タッピング」

もう1つ、ストレスを解消する簡単な方法をご紹介しておきましょう。

ストレスを感じたら、5本の指で額《ひたい》を軽く叩くことで気分を解消させる「フォアヘッド・タッピング」という方法で、アメリカのタフツ大学の心理学者スーザン・ロバーツが考案したものです。

具体的な方法はこうです。

5本の指を広げて、額に軽く当てる。そのまま5本の指で、1秒ごとにトントンと軽く叩く。この動作を、気分が解消するまで続ける。

フォアヘッド・タッピングの方法

5本の指を広げて、額に軽く当てる。そして、1秒ごとに5本の指でトントンと軽く額を叩く。この動作を気分が解消するまで続ける

これがなぜストレス解消に効果があるのかというと、ワーキングメモリーに関係しているのだそうです。

ワーキングメモリーは、脳が、目の前の作業のために一時的に情報を記憶する場所。このワーキングメモリーは容量が少ないので、イライラなどの雑念が入り込むとうまく機能しなくなってしまいます。これが、ストレスで集中力が落ちている状態です。

このワーキングメモリーは、つねに更新されているので、新しい情報が入ってくるとそちらを優先する仕組みになっています。

そこで、**額をトントンと刺激すること**

で、新しい情報（**指の動きや額の刺激**）**に脳の注意を振り向け、ワーキングメモリーから雑念を追い出す**、というのがそのメカニズムです。

これはインターベンション・ブレスレットよりもさらに簡単な方法です。今すぐにでも実行できるので、ホントかな？　と思った人は、ぜひ試してみてください。

ちなみにこの方法、もともとはダイエットに悩む人の食欲を抑制する実験から生まれたものだそうです。

「甘いものが食べたい！」「お腹いっぱい食べたい！」という雑念で頭の中がいっぱいになったら、トントンと額を叩いて、追い出す。

テレワークで近頃体重が気になる、という方も、ぜひ。

自分のペースで上手に休憩をとる工夫を

午前中から集中して仕事をしていたら、ちょうどスイッチが入ったところでお昼になってしまった。仕事を中断してランチタイム休憩をとり、午後から仕事に戻ったが、休憩前の集中力はなくなってしまった……そんな経験をしたことはないでしょうか。

集中力は、案外デリケートで、自分自身でコントロールすることさえ難しいもの。それなのに、あらかじめ決められたスケジュールに合わせて管理するなんて、よほどの達人でなければ困難でしょう。

では、どうしたらいいのか。

休憩のタイミングは、自分で決めることです。集中力が続いていると感じているときは、決められた休憩時間がきても、そのまま集中を切らさず作業を続ける。そのほうが生産性は上がり、結果的には早く作業を完了することができるでしょう。

もしも集中しているときにランチタイムがきたら、同僚には「どうしても午後イチまでに仕上げなければならないんだ」などと言って、そのまま居残って作業を続けましょう。

ランチタイムのオフィスは人も少なく、静かで電話も鳴らないので、さらに集中できる環境です。ここで一気にペースを上げれば、同僚たちが帰って来る頃には、もう一仕事終えているかもしれません。

昼食はそれから軽く済ませるか、用意しておいた栄養補助食品でもかじればよいのです。

もしも同僚と一緒にランチに出ていたら、午後仕事に戻ってもどうしてもペースが落ちるもの。午後イチに終わっていたはずの仕事が、３時すぎまでかかってしまった、ということになりかねません。

一方、テレワークの場合は、オフィスよりはフレキシブルに休憩のタイミングを自分で決めやすいでしょう。

ただ、フレキシブルに自分で決められるといっても、パソコンの時刻表示が「12:00」になると、条件反射的に「あ、お昼だ」と思ってしまったり、つい心が折れて12時になったことを自分への言い訳にして、せっかく集中している作業を中断してしまいがちです。

テレワークでは、かえってメンタルのコントロールがオフィスワークより難しい、という一面もあります。

自分のタイミングで休憩をとりやすいという利点を活かして、集中力が〝来ている〟ときは、容易《ようい》に逃さないようにしましょう。

休憩中の読書が仕事への集中力を保つ

休憩をいつとるか、というタイミングも問題ですが、休憩中になにをするかという、〝中身〟の問題もあります。

休憩は、リラックスして体力・集中力を回復するものです。すでに紹介したように、散歩をしたり、シャワーを浴びたり、深呼吸をしたり、あるいは、たばこを吸ったり、コーヒーを飲んだり、ネットニュースを見たり、SNSをのぞいたり、ゲームをしたり……となんでも好きなように過ごせばよいのですが、いわゆる意識高い系の人たちに意外に多いのが、休憩中に読書をする、です。

読書をして、脳が休まるのかと疑問に思う人もいるかもしれませんし、そう思うのももっともです。確かに、本を読むことは集中力が必要な行為でもあるからです。

しかし、考えてみれば、誰でも好きなことをしているときは簡単に集中できます。集中するための努力など必要ありません。なにもしなくても自然と高い集中力を発揮していて、しかもほとんど疲れを感じることがないはずです。

仕事に疲れて集中力が落ちてきたと感じたら、10分か15分、好きな本を読んでみる。そうすると、そこで集中力を発揮でき、集中の練習、あるいはウォーミングアップになります。

休憩中に、緊張状態から一気にリラックス状態に切り替えてしまうよりは、脳を別の形で働かせておく。車に例えるなら、完全にエンジンを切ってしまわずに、アイドリング状態を保っておくことで、休憩が明けたあとに、すぐにトップギアにシフトすることができるのです。

読む本は、好きなものでかまいません。ただし、仕事とはまったく関係のないものが良いでしょう。好きな本を読んで、ウォーミングアップすることで、仕事で使っていた頭を休ませつつ、脳を活性化した状態に保つことができます。

とは言っても、あまり内容が難しすぎて頭を使わないと理解できないものや、逆にすらすらと読めすぎて止まらなくなってしまう推理小説などは避けたほうが良いかもしれません。

たとえば、すでに読んだことのあるお気に入りの小説を読み返してみる、というのはどうでしょう。

筋は知っているので、先を急ぐことなく、場面を思い浮かべるように読み返してみる。場面を想像することで、雑念をシャットアウトして集中力を駆動《くどう》するウォーミングアップに最適です。

それに、SNSやネットニュースのゴシップで時間を食いつぶすよりも、創造力を刺激してくれそうで、罪悪感も少ないはずです。

カバンにはいつも、読みかけの本を忍ばせておきましょう。

世界的企業が推奨する「パワーナップ」とは?

午後、昼食をとったあとに襲ってくる眠気は、オフィスワーカーにとって最大の難敵です。難敵に立ち向かうのに、真っ向から撃ち合っても勝ち目はありません。相手の力に逆らわず、うまく利用する。それが定石《じょうせき》です。

というわけで、**眠気が襲ってきたら、逆らわず仮眠をとる。それがもっとも**

有効な対処法ということになります。

「昼に26分間の仮眠をとることで、認知能力が34％、注意力が54％アップする」。これは1990年代にNASA（アメリカ航空宇宙局）が発表した実験検証の結果です。NASAでは、極度の集中を求められる宇宙飛行士や航空機のパイロットのために、睡眠の研究を行なっています。その中で、航空機のパイロットを対象に行なった実験の結果が前述の数字なのです。

午後、昼食をとると眠くなる。これは人間の自然な反応です。生理学に基づいた理由があります。

1つは、血糖値。昼食をとることで、血糖値が急激に上昇します。血糖値が上がると、人は眠くなります。

その仕組みをもう少し詳しく書くと、こうです。

血糖値が上がると、脳脊髄《せきずい》液中にあるブドウ糖の濃度が変化します。この変化が、脳内にある「オレキシン作動性ニューロン」に作用して、オレキシンの分泌を抑制します。このオレキシンは、人の覚醒状態に関与する脳内物質で、ニューロンからこのオレキシンが分泌されているときは覚醒状態、されていないときは、睡眠状態になります。

つまり、昼食を食べると、オレキシンの分泌が少なくなるので、眠くなる、というメカニズムです。よくいわれるように、血流が消化器官に集まってしまうので頭に血が回らなくなる、というわけではないのです。

もう1つの理由は生体リズムです。人の生理活動は、一定の生体リズムに支配されています。夜になると眠くなる、朝になると自然と目覚めるようにできているのです。夜の眠気のピークは、夜中の午前2〜4時ごろになるようになっています。徹夜で仕事をしようとすると、だいたいこの時間帯に眠気が襲ってきます。

じつは、生体リズム的に眠気のピークはもう1つあって、それが就寝してから15時間後あたりといわれています。午前0時ごろ就寝するとすれば、だいたい午後3時ごろに眠気のピークがくることになります。

少し詳しく説明しましたが、要は、午後の昼食後の時間帯に眠くなるのは、生物としての自然な反応であって、けっして気が緩《ゆる》んでいるからでも、根性がないからでもないのです。

だから、ここは自然の反応に逆らわず、仮眠をとる、というのが正解です。上手に仮眠をとれば、眠気に悩まされないばかりか、かえって頭がスッキリして集中力も高まり、生産性も向上することが実証されています。8時間の睡眠と同じ程度に体力が回復するとも言われています。

この方法は、アメリカのコーネル大学の社会心理学者ジェームス・マースによって「パワーナップ」と命名され、提唱《ていしょう》されています。

実際、グーグル、マイクロソフト、アップル、ナイキなど、生産性とクリエイティビティを重視する企業では、パワーナップを推奨《すいしょう》しているばかりか、社内にパワーナップ用の仮眠スペースを設置しているところもあります。

パワーナップを効果的にとるには、次のことに留意《りゅうい》するようにしましょう。

昼食後3時までの間にとる。これは前述した通り、この時間帯が生理的にもっとも睡眠を必要としているからです。

可能であれば、静かすぎずうるさすぎない、適度に照明の落ちた環境で。暗くするのが難しい場合は、アイマスクを利用してもよいでしょう。

NASAの検証では26分でしたが、20分程度の仮眠でも効果があります。睡眠には深さがあります。もっとも浅いものがレム睡眠で、この状態では脳は覚醒している状態とほぼ変わりません。その次がノンレム睡眠のステージ1。ここで脳のワーキングメモリーがクリアされます。**眠り始めて約20分で、ノンレム睡眠ステージ1になり、ここで覚醒すれば、頭もスッキリして爽《さわ》やかに目覚めることができます。**

しかし、30分以上寝てしまうと、さらに深いステージ2、ステージ3に達してしまいます。その状態で目覚めても、ぼーっとした状態がしばらく続くことになり、かえって逆効果になってしまいます。スマートフォンなどで、20分後にアラームを設定しておきましょう。

このパワーナップを上手に取り入れれば、午後からの作業も集中力全開で臨むことができます。

眠りすぎると、かえって頭がぼーっとしてしまうので注意！

オフィスで、仮眠できるスペースを確保でない場合は、机に突《つ》っ伏《ぷ》したり、背もたれに深く寄りかかった姿勢でもよいでしょう。オフィスで寝るなんて無理、という人は、目を閉じてじっとしているだけでも大丈夫。視覚から入る情報をしばらく遮断《しゃだん》するだけでも、脳を休ませる効果が期待できるそうです。

このパワーナップのバリエーションで、**カフェインナップ**というものもあります。これはコーヒーを飲んだあとに20分ほどの仮眠をとるというもの。つまり、カフェイン＋パワーナップです。

カフェインの覚醒効果は摂取してから30分後なので、コーヒーを飲んでから20分の仮眠をすれば、ちょうど目覚めたころにカフェインが効いてきて、頭がスッキリする、という計算です。

午後の眠気という難敵も、パワーナップ、カフェインナップを味方につけて、逆に集中力アップに利用しましょう。

8章

冴えた状態を保つために「体調」をどう整えるか

集中力の維持に役立つ「マインド食」とは?

本書のテーマは集中力であって、健康管理ではありません。とはいうものの、集中力が体調と密接な関係があることは明らかです。

誰でも疲れてヘトヘトになっているときには十分な集中力を発揮できません。徹夜明けで朦朧《もうろう》としているときには、どうしてもうっかりミスが多くなる、これは当然のことです。

集中力をいつも高いレベルで保つためには、まず万全の体調を保つことが必要条件。そのためには、やはり食事、運動、睡眠が基本です。

集中力を維持するために知っておきたい食の知識として、「マインド(MIND)食」という食事法についてご紹介しましょう。

マインド(MIND)食とは、「Mediterranean-DASH Intervention for Neuro-degenerative Delay」の頭文字を取ったものです。「地中海式食事法」と「ダッシュ(DASH)食」を組み合わせて神経変異を遅らせる、つまり、**マインド**

食はアルツハイマー型認知症を予防する食事法として開発されたものです。

発表されたのは、２０１５年と比較的最近です。アメリカのラッシュ大学医療センターによって開発されました。

アルツハイマー型認知症を予防するのですから、脳を健康に保つために良い食事法でもあるわけです。

シカゴ在住の58～98歳の男女９２３人を対象にした追跡調査によれば、マインド食を実践していた人は、していなかった人に比べてアルツハイマー型認知症の発症リスクが50％も低かったということです。もちろん、58歳より下の方の脳にも効果があると期待できます。

マインド食は、先述の２つの食事法の、いわばいいとこ取りです。

１つは「地中海式食事法」。イタリア南部やギリシャの伝統的な食生活を取り入れた食事法で、魚介類、野菜、フルーツ、ナッツ類、オリーブオイルをたっぷり食べるのが特徴です。生活習慣病、心疾患《しんしつかん》、認知症の予防に効果があると言われています。

もう１つは、ダッシュ（ＤＡＳＨ：Dietary Approaches to Stop Hypertension）

食。アメリカで考案された食事法で、高血圧予防を目的としています。やはり、魚介類、野菜、フルーツが中心。脂肪分やコレステロールを減らしているのも特徴です。

この2つを融合したものが、マインド食です。

マインド食を実践するのは、じつは、それほど大変なことでも、面倒なことでもありません。厳密な縛《しば》りがあるわけではないので、誰でも簡単に実践することができます。

マインド食では、脳のために摂取すべき食品10種と、摂取すべきでない食品5種を、以下の通り提示しています。

摂取すべき食品：緑黄色野菜／その他の野菜／鶏肉／魚／ベリー類／ナッツ類／豆類／全粒穀物／ワイン／オリーブオイル

摂取すべきでない食品：赤身肉／ファストフード／バター・マーガリン／菓子類／チーズ

脳のために摂取すべき・控えるべき食品

摂取すべき食品10種	緑黄色野菜
	その他の野菜
	鶏肉
	魚
	ベリー類
	ナッツ類
	豆類
	全粒穀物
	ワイン
	オリーブオイル
摂取すべきでない食品5種	赤身肉
	ファストフード
	バター・マーガリン
	菓子類
	チーズ

これらを意識して、食生活を組み立てるだけでよいのです。

厳密にいえば、合わせて15項目のルール（摂取すべき／すべきでない）のうち8項目以上を守る、外食は週1回まで、などの決め事がありますが、これらを意識するだけでも〝脳の健康維持〟に役立つことでしょう。

ただし、摂取すべきでない食品とされる

「チーズ」には、次項で述べるようにドーパミンやセロトニンを増やすのに有効な成分が含まれています。また最近の研究で、カマンベールチーズの摂取で認知機能の改善に効果が期待できる、という報告もあることを追記しておきます。

頭を活発にする脳内物質は食事で増やせる

本書ですでに何度か述べてきたように、ドーパミン、セロトニンなど、脳内物質の働きが集中力に大きく関係しています。

ドーパミンは、脳の興奮や集中に影響を及ぼし、モチベーションを高めたりする働きがあります。

セロトニンは、精神の安定、安心感、平常心、頭の回転を良くして直感力を高めるなど、脳を活発にする働きがあります。

ドーパミンは興奮することによって集中を促す、セロトニンはリラックスすることによって集中を促す、それぞれ異なる働きをしています。

人の脳の働きは複雑で、まだ解明されていないこともたくさんあります。1

つ、2つの脳内物質の働きで、集中力がグンと上がったり、また下がったりすることはありません。さまざまな脳内物質、さまざまな要因が絡《から》み合って、脳の働きに作用しているのです。

それでも、こうした脳内物質を増やすことで、集中力を高めやすくすることができる、というのは間違いないでしょう。そして、こうした**脳内物質は、ちょっとした食事の工夫で、増やすことができる**のです。

まず、ドーパミンを増やす食事。ドーパミンの原料となるのはたんぱく質です。その中のチロシンとフェニルアラニンというアミノ酸から作られます。

体内のドーパミンを増やすには、まずたんぱく質を意識して摂取すると良いでしょう。肉類や魚、乳製品、大豆製品はもちろんですが、これらの**たんぱく質とともにビタミンB群（とくにビタミンB_6やナイアシン）や鉄分を摂取することも重要**です。これらは、たんぱく質の代謝を促進します。

ビタミンB_6を多く含む食品には、ニンニク、ピスタチオ、ドライバナナなどがあります。

鉄分を多く含む食品は、レバー、緑黄色野菜、海藻などです。

脳内物質を増加させる栄養素と食品

●ドーパミン

たんぱく質…肉類、魚、乳製品、大豆製品など
ビタミンB_6…ニンニク、ピスタチオ、ドライバナナなど
鉄分…レバー、緑黄色野菜、海藻など

※刺激のある食品（香辛料たっぷりのカレーやコーヒーなど）もお勧め

●セロトニン

トリプトファン（たんぱく質）…肉類、乳製品、大豆製品、赤身魚、穀類など

※あまり摂りすぎると肝硬変の原因となるので注意！

また、とくに乳製品は、チロシンが多く含まれています。中でも、チーズは効率よくチロシンを摂取できる食品です。

また、刺激が強い食べものも、ドーパミンの分泌《ぶんぴつ》を促します。香辛料《こうしんりょう》をたっぷり使ったカレーや激辛料理、あるいは、カフェインを含むコーヒーなども、体に刺激を与える食品です。

一方、セロトニンは、トリプトファンというアミノ酸を原料にして作られます。トリプトファンは、体内では生成されない必須アミノ酸です。

トリプトファンが多く含まれる食品は、63ページですでに紹介した通り、

肉類、乳製品、大豆製品、赤身の魚、穀類《こくるい》などです。

こうした食品を多く摂ることで、トリプトファンを摂取することができますが、あまり多く摂りすぎると肝硬変《かんこうへん》の原因となることがわかっています。極端な摂りすぎには注意が必要です。

ところで、この**ドーパミンとセロトニン、両方が効率良く摂取できて、増加に役立つ食品があります。それは、乳製品、とくにチーズ**です。

乳製品に含まれるガゼインというたんぱく質には、ドーパミンの原料となるチロシン、セロトニンの原料となるトリプトファンが豊富に含まれています。チーズには、8種類ある必須アミノ酸がすべて含まれているので、健康維持のためにも意識して摂取することをお勧めします。もちろん、集中力アップにも役立ちます。

日々の生活の中に、運動の時間を取り入れよう

2012年にニューヨークタイムズは、「運動は脳の機能を高めるか?」と題

して、マウスを使ったこんな実験結果を紹介しています。

マウスを4つのグループに分け、次のものを与えます。

Aのグループには、栄養たっぷりの餌《えさ》
Bのグループには、栄養たっぷりの餌と回し車
Cのグループには、粗末《そまつ》な餌
Dのグループには、粗末な餌と、回し車

この環境でしばらく飼育したのち、マウスに認知テストを行ない、脳の状態を調査しました。

その結果、B・Dのグループのマウスがテストで好成績を残したのです。このことから、認知能力に差をもたらしたのは栄養の有無ではなく、回し車の有無であることがわかりました。

つまり、**適度な運動が、体だけでなく、脳の健康にも良い影響があることがわかった**のです。

運動が脳に良い影響を与えることは、脳内物質でも説明がつきます。前述した通り、適度な運動によって、セロトニンの分泌が促されることがわかっています。

ジョギングやスイミングなどの運動で体を動かしたあとは、頭がスッキリして気分がいい。実生活でそう実感することも多いでしょう。適度な有酸素運動はダイエットだけでなく、脳の活性化にも有効なのです。

もう1つ、アメリカでの事例を紹介しましょう。

イリノイ州の高校で導入した「0時間体育」の話です。その学校では、朝、1限目が始まる前に軽い運動をする、という試みを始めたのです。

具体的にはランニングです。朝、早く来てトラックを走る。ただし、何周というノルマがあるわけでもなく、順位を競うわけでもありません。ただ、心拍数を185以上に上げることを目標に走るのです。

生徒たちの運動能力によって、それぞれの運動量は異なります。何周も走る生徒もいれば、少し走っただけですぐに心拍数が上がってしまう生徒もいます。それぞれが身体能力に応じて走るわけです。

この「0時間体育」を続けた生徒は、学期末テストの理解力のテストが17％も伸びたそうです。

朝、早起きをして運動をするのはなかなかハードルが高いですが、集中力を高めるためにはどうやら有効なようです。

朝のジョギングを習慣にする。あるいは、前述したように自転車通勤してみるのもいいかもしれません。

もしくは、駅でエスカレーターを使わず階段を上る。オフィスでもエレベーターを使わない。軽い運動を取り入れる方法はいくらでもあります。アップルウォッチなどのデバイスがあれば、心拍数を管理しながら効率的に有酸素運動ができます。

とはいえ習慣にするのは難しいと思ったら、会議や打ち合わせの前にちょっと走ってみる、とい

出勤のときに軽い運動を取り入れるのもあり

うのはどうでしょう。それで、「今日はなんだか冴《さ》えてるな」と実感したら、それはきっと運動のおかげです。簡単なことからでもいいので改めて習慣として取り入れてみてはどうでしょう。

適切な睡眠時間は遺伝子レベルで決まっている

毎日遅くまで仕事をして平均睡眠時間4〜5時間、それでも栄養ドリンクを流し込めばなんとか乗り切れる。そう思っているとしたら、それは大きな間違いです。最近の研究で、人が眠くなるのは脳内の化学変化が原因であることがわかってきました。ドリンクや根性で解決できる問題ではないのです。

睡眠研究の第一人者である筑波大学の柳沢正史《まさし》らは、目が覚めている状態が長く続くと脳内の80種のたんぱく質がリン酸化という化学変化を起こすことを発見しました。そして、このリン酸化するたんぱく質を「スニップス」と名付けました。

このスニップスの多くは、脳内のシナプスに関係しています。シナプスとは、脳内の情報伝達物質を神経細胞から別の細胞に伝達する大事な役割を担っています。

ところが、長い間起きていると、このシナプスにリン酸化したスニップスが蓄積して、脳の機能が低下してしまいます。それが「眠気」の正体です。そして、スニップスのリン酸化は睡眠をとることで解消されます。

つまり、**脳を十分に働かせようとするなら、ちゃんと睡眠時間を確保することが重要**だということです。

では、いったいどのくらいの睡眠時間が理想的なのでしょうか。

じつはこの問いには答がありません。**睡眠のタイプは遺伝子レベルで決まっていて、個人差があるの**です。

人によっては、毎日4〜5時間の睡眠で大丈夫。十分にパフォーマンスを発揮できる、という人もいます。こういう人たちは、ショートスリーパーと呼ばれます。

ナポレオンの睡眠時間が1日3時間だったことは有名ですが、他にも、モーツァルト、エジソン、マーガレット・サッチャー、ビル・ゲイツ、ドナルド・

トランプなどがショートスリーパーと言われています。

反対に、1日9～10時間もの睡眠時間を必要とするロングスリーパーもいます。代表はアインシュタインで、平均で1日10時間は寝ていたそうです。「9時間しか眠れなかった日は頭が冴えない」と家族に漏らしていたとか。

また、ノーベル物理学賞を受賞した小柴昌俊《こしばまさとし》は1日11時間、元F1チャンピオンのミハエル・シューマッハは1日12時間。大リーグで活躍する大谷翔平は、10～12時間は睡眠時間を確保しているそうです。

もっとも一般的な、睡眠時間7～8時間というタイプは、ミドルスリーパーと呼ばれます。実際のところ、全体の約8割がこのミドルスリーパーといわれています。

このように、人が必要とする睡眠時間は、遺伝子レベルで決められています。そして必要な睡眠時間を確保できなければ、集中力は低下します。

まずは、自分がどのくらいの睡眠時間を確保すれば〝体調万全〟といえるのか、知っておくことが大切。その上で、必要な睡眠時間を確保しなければ、大谷選手のような集中力は発揮できないのです。

自分が朝型か、夜型かを知る

冬の冷え込む朝などは、誰でも布団から出たくなくなるものですが、中には、いつも朝早くから自然とスッキリ目が覚めるという朝型人間もいます。その一方で、朝はどうしても苦手で、いつもギリギリまで寝ていたいという夜型の人もいるでしょう。

朝型の人は、午前中から高い集中力を発揮します。人によっては、午後よりも昼前のほうがバリバリ仕事をこなせる、という場合もあります。しかし、夕方以降は眠くなって生産性が落ちることがよくあります。

一方、夜型の人は、午前中はエンジン全開とはいかず、じわじわと調子を上げてくるタイプ。夕方くらいから本調子になり、残業の時間帯に入っても高い集中力を持続します。こういう人は、夜飲みに行っても元気で、朝まで飲み続けても絶好調です。

このような朝型・夜型の違いも、睡眠時間同様、遺伝子の影響を大きく受けています。

人はそれぞれ、何時ごろ眠くなって何時ごろ自然と目が覚めるか、だいたいのリズムが決まっています。このサイクルを決めるのが、体内時計です。この体内時計に関係する遺伝子（時計遺伝子）が人には351個あることが確認されています。

この351個の時計遺伝子の組み合わせによって、朝型か夜型か、あるいは超朝型か超夜型か、それとも中間型かが決まるのです。このタイプを、クロノタイプといいます。

必要な睡眠時間とともに、このクロノタイプも、自分は何型かを把握しておくことが大切です。国立精神・神経医療研究センターが公表している「MEQ―SA」というセルフチェックなども、ウェブ上で利用できるので、チェックしてみ

自分が朝型か夜型かで
予定の立て方は大きく変わる

ると良いでしょう。

自分のクロノタイプに合わせてスケジュール管理をしていけば、効率的にパフォーマンスを上げることができます。

朝型の人は、午前中に重要な作業の予定を入れたり、大切なアポイントを入れたり、また、午後には、集中力を必要としないルーティンワークを入れたりすると良いでしょう。

夜型の人は、午前中はなるべく重要な予定を入れず、反対に午後の仕事のボリュームを多くします。夕方以降、集中力が高まるので、環境さえ整えれば、まとまった仕事を集中してこなせます。

ある企業が、社員のクロノタイプをチェックして、それに合わせてシフトを調整したら生産性が大きく上がったという報告もあります。

理想の睡眠のための三大鉄則

ロングスリーパーだろうとショートスリーパーだろうと、あるいは朝型だろうと夜型だろうと、現代人に言えることは、総じて夜更《よふ》かしだ、ということでしょう。

早く寝れば、それだけ睡眠時間を確保できることになります。しかし実際は、自分が必要としている睡眠時間を確保できている人は、少ないのではないでしょうか。

とくに日本人の平均睡眠時間は、世界の中でも群を抜いて少ない、というデータもあります。フランスのヘルスケア機器のメーカーがユーザーデータをもとに集計したところ、**日本人の平均睡眠時間は6時間22分で、調査対象の14か国中最短**だったそうです。ちなみに、欧米諸国は、すべて7時間を上回っています。

睡眠時間を確保するにはどうしたらよいか。正解は、早く寝る。これはもう疑問の余地なく明らかです。

かつては、睡眠のゴールデンタイムは午後10時～午前2時と言われていました。ただ、午後10時には布団に入る、というのはなかなか現代の生活パターンでは難しいでしょう。

しかし、**最近の研究では、ゴールデンタイムは午前1～3時ごろと定説が変わってきています。**この時間帯に、睡眠ホルモンのメラトニンが分泌されるので良質な睡眠がとれるというのです。

日付が変わったころに就寝の体勢に入り、午前1時までにはぐっすり熟睡状態に入っているのが理想の睡眠習慣。脳の疲労も回復し、ついでにお肌のツヤも良くなるはずです。

早く寝ようと思っても、なかなか寝つきが良くなくて……という人のために、安眠のコツをいくつか紹介しておきましょう。

・夕食は就寝の3時間前までに済ませる

胃に食べ物が入ると、消化に2～3時間はかかります。その間は、胃腸が活発に働いているわけです。この状態で眠ろうとしても、眠りが浅くなってしまいます。

夕食は就寝の3時間以上前に済ませる。午前0時に就寝するなら、午後9時までに済ませることをお勧めします。

残業で帰宅が遅くなるときは、オフィスにいる間に栄養補助食品などで小腹を満たしておいて、帰宅してから摂取する量を少なくすることで、胃の負担を軽減することができます。

ちなみに、夕食後の油脂分の多いスナック菓子や酒肴《しゅこう》も安眠の敵であることは言うまでもありません。

・温《ぬる》めの風呂に入る

入浴は、就寝の1～2時間前に、温めのお湯に30分くらいゆっくり浸《つ》かる、というのが理想です。

人の体温には、体の表面の「皮膚体温」と、体の内部の「深部体温」がありますす。深部体温は体内時計と連動して変動し、夜9時ごろから徐々に下がっていくことでスムーズに睡眠に入るようになっています。

温めの風呂に入り、深部体温を一度上げてから1～2時間かけて徐々に下げていくことで、布団に入るころにちょうど良い深部体温になっているというわけです。

安眠するためのコツ

- **夕食は就寝の3時間前までに済ませる**
  胃が食べ物を消化するのに2〜3時間かかるが、この状態で眠ると、眠りが浅くなってしまうので注意!
- **温《ぬる》めの風呂に入る**
  就寝の1〜2時間前に、30分程度ゆっくり浸かるのが理想
- **寝る前のスマートフォンはNG!**
  ブルーライトの影響で深い眠りにつくことが妨げられてしまう

就寝する直前に熱いお湯に入ると、深部温度が下がりにくくなるだけでなく、交感神経が刺激されて体が目覚めてしまいます。

・寝る前のスマートフォンはNG!

これはもう、現代社会の常識と言っていいと思いますが、寝る前にスマートフォンの画面を見ていると、深い眠りに入ることができなくなってしまいます。

スマートフォンやパソコン、LEDの光には、ブルーライトと呼ばれる、波長460ナノメートル前後の光が含まれていて、これが体内時計を狂《くる》わせてしまうからです。

昼間、集中力を高めて仕事の効率を上げたいなら、夜しっかり睡眠をとって体調を整える。それが理にかなった働き方です。毎晩遅くまで飲み歩いていてもオレは仕事ができる、などと言う人がいますが、そんな働き方に科学的エビデンスはありません。

〝働きすぎ〟による能率低下に注意を！

この章の最後に、働く人たちのパフォーマンスを下げている原因の1つは〝働きすぎ〟だったという研究結果をご紹介しましょう。

2016年にオーストラリアのメルボルン大学が、慶應義塾大学、立命館大学などの研究者と共同で調査データの解析を行ないました。

調査対象となったのは、オーストラリア在住の40歳以上の労働者男女6500人。仕事の習慣についてのアンケートに答えてもらった後、簡単なテストを受けてもらい、認識能力、抽象的思考、記憶力、判断力などを測定しました。

その結果、認知機能がもっとも高かったのは、週の労働時間平均25～30時間の人たちだったのです。ちなみに男女の差は認められませんでした。

週平均30〜40時間労働のグループでは、認知機能がわずかながら低下しています。

週40時間労働といえば、1日8時間×週5日という日本の一般的な労働条件に匹敵《ひってき》します。

さらに、週の平均労働時間50〜60時間になると、記憶力はガクッと落ち、頭の回転は鈍《にぶ》くなり、集中力も激減するということがわかりました。驚くべきことに、その数値は、すでにリタイアした人たちとくらべても低かったということです。

この調査結果からわかることは、**40歳を過ぎたら、週の平均労働時間25〜30時間がもっともパフォーマンスを発揮しやすい。つまり、週休3日残業なしが理想の労働条件**ということです。

調査は40歳以上を対象に行なわれましたが、**働きすぎは認知機能を下げるという結論は、すべての世代に通用する**のではないでしょうか。

一説によれば、これは人類の歴史に関係しているのだとか。

さかのぼれば、人間はもともと狩猟採集《しゅりょうさいしゅう》によって糧《かて》を得ていました。ライオンを見てもわかるように、狩猟する動物は1日8時間も働きません。普段はのんびり寝そべっていて、獲物を狩るときだけ集中力を発揮します。

ところが、人間社会が農耕中心になって、労働時間は長くなりました。1日中耕作地で働いて、のんびりする暇もありません。農耕が始まったのは、人類の歴史の中ではごく最近です。それゆえ、人間の体はまだこの変化に適応できていない、だから長時間の労働では集中力を維持できないのではないか、というのです。

いずれにせよ、**働きすぎはパフォーマンス低下の原因**と、研究データは語っています。本来であれば、残業などはしないに越したことはありません。

とはいえ、誰もが定時退社、週休3日などという職場はなかなかありません。自分でうまく休息をとりながら、労働時間を調整するしかないでしょう。

ちなみに、建築家のル・コルビュジエは、事務所に来るのは午後2時過ぎと決まっていたそうです。事務所でスタッフに指示をしながらその日の仕事をこなすと、午後5時半には帰宅。その労働時間はなんと1日3時間半ということになります。

コルビュジエは、午前中の時間をどう使っていたかというと、好きな絵を描いたり、執筆をしたりする時間に充てていました。絵を描きながら建築のアイデアを考えていたのかもしれませんが、たいていの場合、絵は仕事とは関係のないものだったそうです。その証拠に、描いた絵を妻以外に見せたことはありませんでした。

9章

挫《くじ》けずに続けられる「メンタル」を鍛えるコツとは

集中力が研ぎ澄まされた〝フロー状態〟はつくれる！

スポーツ選手が極度に集中力を高めた状態では、まわりの音や景色が消え、自分の感覚だけが研《と》ぎ澄《す》まされた状態になるといいます。

昭和に活躍した大打者、川上哲治《てつはる》の、集中するとボールが止まって見えた」という名言は有名ですし、バドミントンの潮田玲子《しおたれいこ》も、ある大事な試合に勝ったときには、まわりの音がすべて消えて、シャトルの動きがゆっくりに見えた、と言っています。

これを、スポーツでは「ゾーンに入る」と表現します。

なにかに没入すると、時の経《た》つのを忘れる。まわりの景色が見えなくなって、とにかく夢中になる。こんな経験は、スーパーアスリートでなくても、誰にでもあると思います。

この状態を、ポジティブ心理学の父と呼ばれるミハイ・チクセントミハイは「フロー」と定義しています。

チクセントミハイによれば、この**フロー状態には、3つの効果があるといいます。**

・パフォーマンスが向上する

フロー状態に入ると、その人の持つ能力が最大限に発揮されます。雑念がシャットアウトされ、目の前の課題に全神経を集中することで、本人も思っていなかったような成果が得られるのです。

・圧倒的な楽しさを感じる

フローは、今取り組んでいる課題を、心の底から楽しいと感じている状態です。スポーツであれ、仕事であれ、辛《つら》いこと、苦しいことだとはまったく感じません。

・成長につながる

フローでは、時には自分の思っていた以上の力が引き出されることがあります。今までの自分の限界を超え、スポーツであれば自己最高記録を更新することで、それが自信と成長につながります。

こうした効果を、仕事で感じたことはないでしょうか。無我夢中で大きなプロジェクトを成功させ達成感を得た。その後の成長につながったというような経験、それがフロー体験です。

チクセントミハイは、フロー体験は偶然もたらされるわけではなく、いくつかの条件が揃《そろ》えば、意図的に作り出せると言っています。この本ですでに述べてきたことと重なる部分もありますが、総括する意味で改めて紹介しておきましょう。

①目標を明確にする

スポーツ選手であれば「金メダルを取る」というような、明確で具体的な目標設定が必要です。「営業活動を頑張る」ではなく「今月中に新規契約を××件とる」、「イベントを成功させる」ではなく「集客△△人を達成する」のように数値化するのも1つの方法です。

②目標は適切な難易度にする

いくら明確であっても、誰でも金メダルを目指すことが目標設定として適切

フロー状態を意図的に作り出すためのポイント

① 目標を明確にする
② 目標は適切な難易度にする
③ 進捗状態を確認できるようにする
④ 目標に意義を感じられるような工夫を
⑤ マルチタスクはしない

であるとは思えません。難しいけれども、頑張れば不可能ではない、というレベルの目標を設定することがポイントです。

③進捗《しんちょく》状態を確認できるようにする

今、どのくらいまで達成できているのかが、随時《ずいじ》確認できること。それが達成感をもたらし、モチベーションにつながります。また、それが正しい方向に進んでいるかどうかいつでもチェックできる状態であれば、不安なく力を発揮できます。

④目標に意義を感じられるような工夫を

目標を達成することが、なんらかの意義のあることと、価値のあることだと感じることができなければ、十分な力を発揮することはできません。なんの意味があるのかわからないけれど、上司に言われたからやる、というのではダメなのです。まず目の前の仕事の意義を、自分なりに掘り下げてみましょう。

⑤マルチタスクはしない

フロー状態に入るには、1つの目的に向かって集中することが必要条件です。同時に2つのことに集中することはできません。目の前の作業以外は、それが実際に必要な仕事であっても、今は雑念の原因でしかないと割り切りましょう。

「フロー理論」については、チクセントミハイが1990年に発表して以来、さまざまなかたちで紹介されてきました。時代に合わせて、ディテールが少しずつアレンジされていますが、大きな考え方は変わりません。

ここぞというとき、極度の集中力を発揮したいときに、参考にしてみてください。

楽しめる趣味から、ゾーンに入る感覚を養う

ゾーンに入る、という感覚がどんなものなのか、実際に体験してみないとわ

からないものです。いくら「集中している最中は時間が引き延ばされる」でも終わったあとでは、一瞬に感じる」などと説明しても、体験してみないと感覚的に理解するのは難しいでしょう。

まず、ゾーンを体験してみる。できれば、何度も経験してみる。そうすれば、ゾーンに入ったときに、すぐにそれとわかります。ゾーンに入るコツがわかるかもしれません。

ゾーンが「来た」ときにその兆候《ちょうこう》を見逃さずに、しっかりキャッチできるかもしれません。

ゾーンを体験して、ゾーンをコントロールできるようにする。そのために、なにか好きなことを見つけて夢中になりましょう。没頭しましょう。

誰でも、好きなこと、楽しいことには容易に没頭できます。子供のころ、時間が経つのも忘れて友達と遊んだとか、ゲームに熱中したとか、そんな経験は誰にでもあるでしょう。

なにか、**没頭できる趣味を見つけてゾーンの感覚をつかむことが、仕事で集中力を発揮するために役立つ**はずです。

体を動かすスポーツなら、健康のためにも役立つし、一石二鳥です。テニスやサッカーを始めてみるのもいいし、もっと手軽にジョギングからスタートするのもいいでしょう。あるいは、川べりや公園などソロサイクリングに出掛けるのもいいかもしれません。

頭を使うのが好きなら、将棋、囲碁、チェスなどのボードゲーム。あるいは、特大のジグソーパズルに挑戦してみる。

モノ作りなら、陶芸や木工なども没頭できる趣味です。茶碗や本棚、椅子などを自作してみてはどうでしょう。

食べることが好きなら、食べ歩きばっかりしていないで、料理を作ってみるのはどうでしょう。本格的なフランス料理に挑戦してみるのもなかなか楽しそうです。

なんでもいいから、まず好きなことに没入《ぼつにゅう》してみる。その体験によって、集中力が身近になり、鍛えられます。

そうすれば、いざ仕事で集中したいときにも、スムーズにゾーンに入ることができるはずです。

強みを理解して、自分にポジティブな意識をもつ

自分の好きなことには、集中しやすい。同じように、自分の得意なこと、強みを活かせることにも、人は没頭しやすいのです。

自分の強みはなんなのか、案外、はっきりと自覚している人は少ないものです。改めて自分を客観的に見つめ直してみるか、あるいは、同僚や友人に聞いてみてもよいでしょう。

「お前の強みは、良くも悪くも理屈っぽいところだ」と言われれば、「なるほど、それはロジカルに考えるのが得意ということだ」とポジティブに解釈して、課題に対して徹底して理詰めでアプローチしてみる。

「お前は諦めが悪い」と言われれば、「なるほど、それはタフで持久力があるということだ」とポジティブに解釈して、諦めずにしつこく課題に取り組み続ける。

また、趣味に没頭する体験を通して、自分の強みを発見することもあります。

たとえば、何度も料理を作っているうちに、自分は新しい素材の組み合わせ

を試したり、オリジナルの料理を生み出したりすることが得意だと気付くかもしれません。だとすれば、クリエイティブな作業に向いています。

あるいは、どの作業から始めてどうフィニッシュするか、段取りを組むのが得意だと気が付くかもしれません。だとすれば、企画・構成・プランニングに実力を発揮するでしょう。

なんでもよいので、自分はこれが強いんだ、というものを見つけて、自覚すること。そのこと自体が、集中へ向かうモチベーションになるはずです。

自分を客観視する「メタ認知」を身につけよう

集中力が落ちてくると、人間、ミスをします。ありえないミスが続いたりすると、「おいおい、集中力が落ちてるぞ」と注意されます。

ミスというものは、誰もしようと思ってしているわけではないのですが、どうしてもしてしまうもの。また、一生懸命やっていても、なぜかミスが多い、という人がいるから不思議です。

ミスをしない人になるには、どうしたらいいのか。そこで役立つのが、**「メタ認知」の能力**です。

メタ認知とは、インターベンション・ブレスレットの項（158ページ参照）でも少し触れましたが、簡単にいうなら、自分を客観的に見ること。

メタとは、古代ギリシャ語に由来する「高次の」「超越した」という意味の接頭辞。最近話題の「メタバース（超越した宇宙）」の「メタ」も同じです。

メタ認知とは、もう1人の自分の視点で自分を認知する、という意味で、たとえば、なにかトラブルがあって慌《あわ》てているときに「あ、オレ今、すごい慌てるな。これって、なんだかカッコ悪くない？」などと思ったりすることです。

つまり、ひどく慌てていながら、慌てている自分を客観的に見ている状態。客観的な視点で見ているもう1人の自分がいるから、「カッコ悪い」という客観的な評価ができるのです。

このメタ認知の能力が高いと、ミスが少なくなります。忙しくてアタフタしているときも、もう1人の自分が「今のところは以前ミスしたところだ」と気付き「同じミスをするなよ」とチェック機能が働くわけです。

また、冷静な視点を持つことで感情のコントロールができ、「ちょっと焦《あせ》りすぎてるな。ここは冷静になろう」などと自分に言い聞かせることもできます。

メタ認知能力の低い人は、何度も同じミスを繰り返す傾向があり、周囲からは「一生懸命やっているのに、なぜか集中力がない人」と評価されてしまうのです。

メタ認知能力は、鍛《きた》えて高めることができます。より専門的に取り組むなら、瞑想《めいそう》やセルフモニタリングなどの方法がありますが、簡単に今日から始められる方法もあります。

その1つが、振り返りの習慣をつけること。

たとえば、1日の終わりに、その日の自分を振り返ってみる。

「△△の仕事を首尾よく片付けた」
「○○さんに会った。久しぶりで話が弾んだ」
「××でミスをして、悔しかった」

など、**なんでもいいので、1行その日の自分について、手帳の隅《すみ》にでも書き留めておく。それだけで、自分を客観的に見る練習になります。**

客観的に自分を見ることでメタ認知能力が高まれば、感情に流されて集中力を欠くようなことも少なくなり、ミスも減るでしょう。

気分が沈んだときこそメタ認知の出番！

メタ認知で、ストレスを抑《おさ》えることで、集中力の強化にも役立ちます。

高度な集中力を発揮したいときには、余計な感情の波は邪魔《じゃま》になります。ワーキングメモリーはすべて目の前の作業に集中したい、無我の境地で取り組みたい。そう思っているのに、余計な感情が入ってきてワーキングメモリーを占《せん》有《ゆう》しようとする。そうなるとパフォーマンスは下がってしまいます。

「この作業を納期までに終えないと、クライアントの担当者に怒られるだろうな……」。そんな考えが頭を過《よぎ》ると、嫌な気持ちになります。気分が重くなります。そんな状態のままでは、集中しようにも限界があります。いくら一生懸命、作業のペースを上げようとしたところで、思うようにはかどらない、ということになります。

そんなときは、いったん手を止めて、メタ認知を意識してみましょう。

「ああ、なんだか気分が重いな」と、まずは自分のメンタルの状態を客観的に観察します。

そしてこの気分の原因は、クライアントを怒らせることを恐れているからだと、その原因を遡《さかのぼ》ってみます。

原因を意識するだけでも、ただ「気分が重い」よりは、少しは気が楽になるでしょう。

そして、こう考えるかもしれません。「しょうがない。間に合わなかったら素直に謝ればいいんだ」「もともと無理な納期なんだから、そのことだけはちゃんと言おう」などといくつも出口が見えてきます。

出口が見えたことで、気分もさらに改善し、ワ

メタ認知をうまく働かせれば
ストレスをコントロールできる

ーキングメモリーがクリアになります。ただ重い気分のまま、出口が見えないままだと、雑念はどんどん膨《ふく》らんでしまうのです。

メタ認知を意識することで、ストレスをコントロールする。この方法を覚えると、集中力をより発揮しやすくなります。

やるべき仕事を先延ばしにしないためのコツ

目の前に今日中にやらなければならない作業があるのに、どうにもやる気が湧《わ》いてこない。そんなときに、同僚から「悪いけど、これ、コピー取ってくれない？」などと雑用を頼まれると、なぜかホッとしてしまう、そんなことはないでしょうか。

それは、〝やらなければいけない〟作業から逃れられる言い訳が見つかってホッとしているのです。

自分は今、この仕事に取りかかることができないのは、このコピー取りの雑用を頼まれたからだ、だから仕方がないんだ、と自分に言い訳することができるからです。

この心理が、もう一歩進むと、自分から〝言い訳〟を作るようになります。試験勉強をしなくてはいけないのに、なぜか部屋の片付けを始めてしまったり、忙しくて仕事が溜《た》まっているのに、ＳＮＳをチェックしながらなかなか仕事に戻れなかったり……。

このような心理を、「セルフ・ハンディキャッピング」といいます。

自分で言い訳を作って、「今日は作業を終わらせることができなかった。ついＳＮＳを見てしまったからだ。明日は頑張ろう」などと、自分を納得させているわけです。もちろん、明日は頑張るかどうかは別問題で、明日は明日でデスクの片付けを始めるかもしれません。こうしてたいていのことはやってしまって、もう逃げ道がなくなってしまうと、「しかたない。じゃあ、やるか」と腹をくくるわけです。

別の言い方をすれば、腹をくくるまでに、それだけの手続きを必要としている、ということで、メンタルが弱いということでもあります。

このセルフ・ハンディキャッピングも「メタ認知」でやっつけましょう。

やらなければならない作業があるのに、だらだらとSNSをチェックしようとしたら、**自分を一度、客観的に見つめ直してみてください。**すると、「おっと危ない。これはセルフ・ハンディキャッピングに陥っている」と気付けるはずです。

そうすれば、自ら仕掛けたワナにはまることなく、元の作業に戻って集中することができます。

もちろん、適度な息抜きは大切ですし、時には自分に甘くすることも必要です。あまり自分を追い詰めすぎると、かえってよくない場合もあります。

ただ、基本的な姿勢として、自分に言い訳はしない、と胸に刻《きざ》んでおきましょう。

「マインドフルネス」で集中力を鍛える

集中力を発揮するためのさまざまな方法について紹介してきましたが、そもそも集中力そのものを鍛える、集中力の基礎体力をつける、ということは可能なのでしょうか。

そこで、ここ数年注目されているのが「瞑想」という方法です。瞑想というと、なんとなく、菜食《さいしょく》、断食《だんじき》、ヨガなどを連想して、〝スピリチュアルな人〟がやるものと想像しがちです。

しかし、最近注目されている「マインドフルネス」という瞑想法は、神経科学を応用して開発された、科学的なエビデンスに基づいたものなのです。しかも5～10分で手軽に実行でき、特別な環境や訓練も必要ありません。

実際、多くの企業が能力向上のトレーニングの一環として取り入れていて、その中には、グーグル、インテル、フェイスブック（メタ）などの有名企業も含まれます。

このマインドフルネス式瞑想の具体的なやり方について紹介する前に、まず、その仕組みを簡単に解説しましょう。

脳の神経は、つねに変化しています。これを神経可塑性《かそせい》といいます。外的な刺激などによって構造的に変化する性質があるのです。**瞑想は、シンプルに言ってしまえば「意識を集中すること」ですから、瞑想を日々の生活に取り入れ**

ることは〝集中力の腕立て伏せ〟です。

それによって、脳の集中に関わる神経回路が強化されるわけです。実際、長時間瞑想した人の脳を解析したところ、前頭前野が発達していたというデータもあります。前頭前野は、入ってくる情報を処理し、記憶や感情の制御、行動の抑制など、さまざまな高度な精神活動を司《つかさど》る重要な部位です。

難しいことはともかく、集中力は、筋トレのように鍛えられる、ということなのです。

瞑想を始めるために、特別な準備はいりません。静かで、リラックスできる場所があれば十分です。

まず、背筋をまっすぐ伸ばして座り、目を瞑《つぶ》ります。そして、意識を呼吸に集中します。呼吸に集中するのは、意識を〝今この瞬間に起きていること〟に集中させるためで、必ずしも呼吸でなくてもよいのです。たとえば、瞑想に向いた音楽を聞きながら、意識を集中させる方法もあります。

すると、なにかしらの考えが浮かんできます。そのとき、「いま、自分は○○について考えたな」と気付くことが大切です。気付いたら、それはそれで良し

集中力を鍛える瞑想法

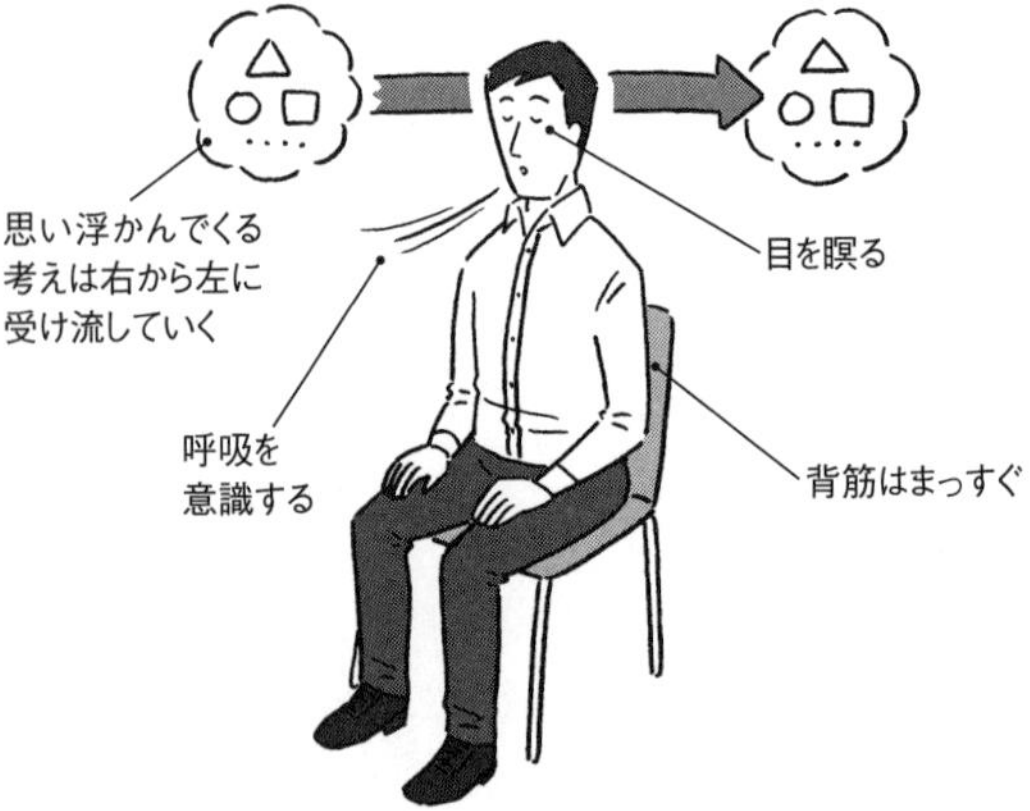
思い浮かんでくる
考えは右から左に
受け流していく
目を瞑る
呼吸を
意識する
背筋はまっすぐ

考えが浮かんでこなくなったら、今この瞬間に集中できているということ。
このようにして集中力を鍛えていく

として、右から左に受け流します。

するとまた、別の考えが浮かんできます。そうしたらまた、受け流します。

これを繰り返すと、そのうち考え自体が浮かんでこなくなります。

そうなったら、今この瞬間だけにすべての意識が集中できている、ということです。脳内はすっきりとクリアになり、この経験が、脳の神経細胞を筋トレのように鍛えているわけです。

筋トレで体を動かすと気分はすっきりしますが、それによって体が変化してくるには、習慣にして続けることが大切です。

瞑想も同じで、1度や2度でやめてしまわず、とにかく続けてみることをお勧めします。

瞑想を習慣に取り入れている有名人はたくさんいます。

ビジネス分野で、スティーブ・ジョブズが有名ですが、他には、ビル・ゲイツや松下幸之助《こうのすけ》、井深大《いぶかまさる》。音楽界では、ビートルズをはじめ、スティービー・ワンダー、ミック・ジャガー、サンタナ。スポーツ界では、イチロー、マイケル・ジョーダン、長谷部誠など、挙げていけばきりがありません。

これからは、ジョギングやウォーキングなどの適度な運動と瞑想が、現代人にとって必須の習慣といわれるようになるかもしれません。

よけいな情報を断って、1人で考える時間をもつ

本書の最後に、気鋭《きえい》のコンピュータ・サイエンティストのカル・ニューポー

トが提唱《ていしょう》する「ディープワーク」についてご紹介しましょう。
ディープワークについて詳しく語り出すと本が一冊できてしまうので（実際にニューポートの著作があります）、ここではごく簡単にそのアウトラインだけを解説しましょう。

簡単にいってしまえば、一週間、山にこもって1つのことに集中する、それがディープワークを実践するということです。

「山にこもる」は比喩《ひゆ》的な表現で、外部から干渉されず、余計な情報を遮断《しゃだん》できる環境さえあればどこでもいいわけです。マイクロソフトの創業者ビル・ゲイツは、年に2回「考える週」を設け、湖畔《こはん》のコテージに引きこもっていたといいます。

この、**1つの課題について集中して考える、という工程が、現代人には必要**だというのです。

ニューポートは、ディープワークを次のように定義しています。

「邪魔の入らない集中した状態で、認識能力を限界まで高めて行なう、職業上の活動。それは、新たな価値を生み、スキルを向上させる。かつ、容易に真似できない」

このディープワークと反対の概念がシャローワークです。

「ほとんど知的思考を必要としない、補助的な仕事。注意散漫《さんまん》な状態でなされることが多い。それは、ほとんど新しい価値を生み出さない。かつ、誰にでも容易に再現することができる」

つまり、ニューポートは、現代のオフィスワークは、シャローワークばかりになってしまった、メールやその他の情報で気を散らされることなく、じっくり1つのことを考え抜き、価値を創造するような活動をするべきだ、と言っているのです。

その具体的なやり方、たとえば予定の立て方などについても、詳細に定義されていますが、それはニューポートの著作を読んでいただくとして、ここでは、まずはシンプルに一週間1人で考えてみる、という体験を生活に取り入れてみてはいかがでしょうか。

なにか大きなプロジェクトを任されたとき、新しい企画をゼロから立ち上げるとき、あるいは、転職しようか悩んでいるときなど、雑事に邪魔されることなくじっくりと考えたいと思ったことは誰しもあることでしょう。

ビル・ゲイツのように湖畔のコテージなど持っていない会社員でも、今ならテレワークがあります。会社の許可さえ取りつければ、ディープワークも可能なはず。会社が渋《しぶ》るなら、休暇《きゅうか》を利用してリアルに山ごもりしてみるのも、自分のために必要なことかもしれません。

もちろん、ディープワークは休暇ではありません。成果を得なければ意味がありません。それでも、**時にはメールもSNSもシャットアウトして、自分の考えに集中してみるという体験は、必ず新しいなにかをもたらしてくれること**でしょう。

◉左記の文献等を参考にさせていただきました――

『ヤバい集中力』鈴木祐、『脳が認める最強の集中力』林成之(以上、ＳＢクリエイティブ)／『天才たちの日課』メイソン・カリー、金原瑞人・石田文子訳、『天才たちの日課 女性編』メイソン・カリー 金原瑞人・石田文子訳(以上、フィルムアート社)／『ハーバードメディカルスクール式 人生を変える集中力』ポール・ハマーネス、マーガレット・ムーア、ジョン・ハンク、森田由美訳、『脳を最適化すれば能力は2倍になる』樺沢紫苑(以上、文響社)／『超集中仕事術』田村康二、『集中力がある人のストレス管理のキホン』川野泰周(以上、すばる舎)／『精神科医が教える「集中力」のレッスン』西多昌規(大和書房)／『陰山英男の「集中力」講座』陰山英男(ダイヤモンド社)／『最高のデスクワーク』猪俣武範監修(クロスメディア・パブリッシング)／『「知的生産力」を上げる技術』志賀一雅(三笠書房)／『超集中ハック!』秋好陽介(ポプラ社)／『集中力を磨くと、人生に何が起こるのか?』千田琢哉(学研プラス)／『自分を操る超集中力』メンタリストＤａｉＧｏ(かんき出版)／『集中力 パフォーマンスを３００倍にする働き方』井上一鷹(日本能率協会マネジメントセンター)／『ハーバード集中力革命』エドワード・Ｍ・ハロウェル、小川彩子訳(サンマーク出版)／『60分でわかる睡眠』(ニュートン２０２１年11月号増刊)／「村上春樹 ２０２１年の 聴く。」(ブルータス２０２１年11月1日号)／「『脳とやる気スイッチ』に一瞬で火をつける方法」中野信子(プレジデント２０２１年1月29日号)

KAWADE
夢文庫

集中力強化大全

二〇二二年一月三〇日　初版発行

著　者……………ライフ・エキスパート[編]
企画・編集………夢の設計社
東京都新宿区山吹町二六一〒162-0801
☎〇三―三二六七―七八五一(編集)
発行者……………小野寺優
発行所……………河出書房新社
東京都渋谷区千駄ヶ谷二―三二―二〒151-0051
☎〇三―三四〇四―一二〇一(営業)
https://www.kawade.co.jp/
装　幀……………こやまたかこ
印刷・製本………中央精版印刷株式会社
DTP……………アルファヴィル
Printed in Japan ISBN978-4-309-48580-5